ブランド・デザイン

アメリカ・トップデザインオフィスによるデザイン戦略の手法

Design Office Report from USA

Contents

はじめに

アメリカ、ブランド・デザインの現場から

道添 進
Susumu Michizoe

なぜアメリカのデザイナーたちは、ブランド戦略を当たり前のように意識し、作品に反映させているのだろうと、以前から不思議でしょうがなかった。本書は『デザインの現場』「USデザインオフィスレポート」シリーズ五年間の連載を集約したものだ。当初はデザイナーたちのクールなワークスタイルに焦点を当てた企画だったが、取材を進めるうちに彼らのアプローチにある共通性があることに気づいた。そして、冒頭の疑問が次第に明らかになっていった。

それは、デザイナーたちが直接、企業と向かい合っているということだった。裏を返せば、企業の広告、広報、パッケージなどの担当者がじかにデザイナーを使いこなしており、彼らにはクリエイティブなパワーを引き出すだけの力量があるということを示している。

もちろん、企業の担当者は必ずしもデザインの専門教育を受けた人ではない。しかし、一企業人としてデザイナーたちに戦略を伝え、ポジショニングを明快に示した上で「オーケー。あとは君たちに任そう。どんな色や形が上がってこようとも、それは、プロフェッショナルとしての君たちを信じる。だが、我が社の戦略を理解した上で提案をしてほしいんだ」と、表現のいっさいをゆだねる潔さが感じられたのだ。

だからこそ、この本は、デザイナーの皆さんはもちろん、企業でディレクションする立場にある方にも手にしていただきたい。今アメリカを代表するデザイナーたちがどのようにブランディングにアプローチしていったのか、ブランドに資するデザインを目指しているすべてのあなたのご参考になれば幸いだ。

American Top Designers

サンフランシスコのデザイン事情

デザインスタジオ6社のワークスタイル

The San Francisco Design Scene

Chapter 01

1日に60人の億万長者が生まれているというサンフランシスコのベイエリア。
ニューヨークと並ぶ全米きってのデザインシティーはいま、
ドットコム企業の隆盛とともに転機を迎えている。
マーケット通りの南、通称“サウス・オブ・マーケット”。
かつて倉庫街だったこのエリアにデザイン会社、フォトスタジオ、タイプセッター、
製版会社などが集まり、一大グラフィック村を形成し始めたのが1980年代。
いまや西海岸を代表するデザイン会社がひしめく。
デザイン業界の縮図ともいえるこのエリアで活躍するオフィスを訪ね、
彼らの仕事のスタイル、作業環境など、サンフランシスコ・デザインの「今」を探ってみた。

トップダウンの強味

Pentagram @ San Francisco

ペンタグラム

サウス・オブ・マーケットが集積度を加速させるのとほぼ時を同じくして、頭角を現したデザイン会社がある。サンフランシスコ・ペンタグラムは、一九八六年、キット・ハインリッチスというアートディレクターの参画によって開設された。トップ五パーセント企業をクライアントに狙えという一貫した営業戦略もさることながら、彼らの品質に見合った顧客は必然的にそこに集約される。数百はあるこの街のデザイン会社の中で、そのデザインレベル、市場での存在感はいまなお抜きん出ている。

　ペンタグラムという社名は、七二年、ロンドンで五人のデザイナーたちによって創設されたことに由来する。現在はニューヨーク、オースティン、ロサンゼルスにも業務展開する世界規模のデザイン会社だ。創設当時のスタイルを踏襲し、「ディシプリン」と呼ばれるディレクター制をしくペンタグラムは、サンフランシスコに二人のディシプリンをおく。一人はプロダクトデザインを統括しているボブ・ブルーナー、もう一人が八六年からかかわっているキット・ハインリッチスで、グラフィックデザインを担当する。この二人が四十八名のスタッフを束ね、まさに典型的なトップダウンで仕事を進めている。

「キットと直で話がしたいんだ……」。

　クライアントの多くは直接、ディシプリンを指名してくる。グラフィックの仕事においては、ペンタグラムとキット・ハインリッチスとは同義語なのである。したがって、客先でのミーティングにはキット本人と、シニアデザイナー、それに予算や日程を受け持つプロジェクトマネージャーの三人で臨む。そして社に持ち帰った課題はアシスタントデザイナーも交え、まずトークを重ねる。時には頭のなかで形になろうとしているものを、プリミティブなやり方で表現してみる。紙とペンで描いてみるのだ。正直言って肩透かしを喰らったような、あたりまえの方法だ。考える作業、デザインの実作業、ディシプリンのチェック。その繰り返しなのである。「いま、若いデザイナーたちも、クライアントも、考えるプロセスなしにいきなりコンピュータでデザインに入ってしまう場合がある。未解決の課題も、画面がそこそこ美しいために包み隠されてしまうんだ」と、キットは言う。考える作業というのは古臭いやり方だが、この部分の時間を惜しまない。圧倒的な仕事量をこなしているにもかかわらず、結果的には作品のすべてにペンタグラムらしさが行き届くのだ。

ディシプリンという非常に強烈なリーダーシップ。ペンタグラムの本質はそこに詰まっている。現在、その人数はほかのオフィスも合わせると、十七名。中でもキットは創設者の薫陶を得た第二世代である。主流はすでにもっと若い世代に移っているというが、全員、豊富な経験の持ち主だ。コンピューター以前のデザインを熟知した人がイニシアチブを取ることが、現代においては逆に強さになる。考える作業を大切にし、仕事の一つ一つに深くかかわることで的確なディレクションを示すキットの姿勢は、ドットコム時代にあっても健在だ。

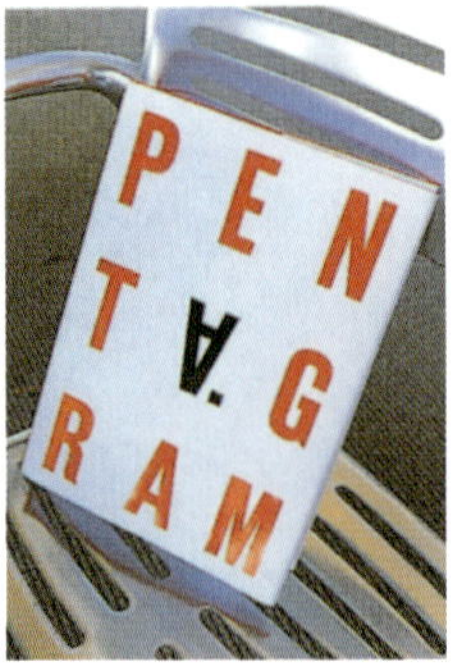

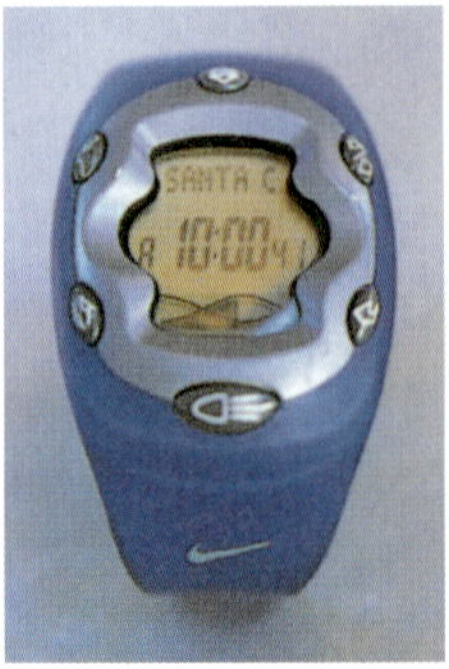

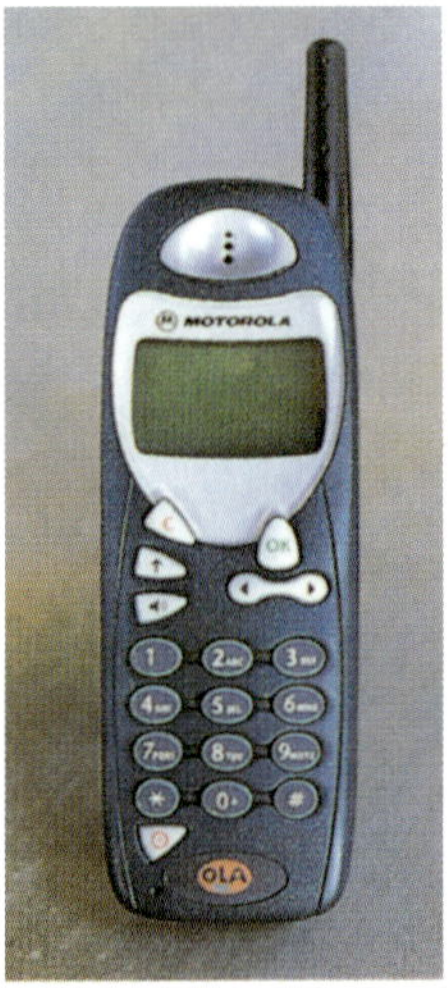

［左上から時計回りに］ポットラッチ社のPR誌『アット・イシュー』、1993年から98年までの6年間、同社が手がけたプロジェクトのベスト50を掲載した『ペンタグラム・ブック』第5巻、世界の波と潮の干満の情報がインプットされたナイキのサーフウォッチ、シリコングラフィックス社の最新デスクトップマシン、モトローラ社の携帯電話

ペンタグラム

Pentagram @ San Francisco

グラフィックデザインチームの仕事場。いいアイデアはこんな環境から生まれる

[左]キット・ハインリッチス。彼のもとを分刻みでデザイナーたちが相談にやってくる[右]キット・ハインリッチスのデスク

Chapter 01

ペンタグラム　英米を代表するフルサービスのデザインオフィス。1972年にロンドンで創設。次いで78年にニューヨーク、そして86年にキット・ハインリッチスのリーダーシップのもとサンフランシスコに開設。現在はテキサス州オースティン、ドイツ・ベルリンにもオフィスを構える。ペンタグラム（五芒星形）という社名は、5人の創設者がそれぞれの専門を活かし、グラフィック、CI、プロダクト、インテリア、建築デザインを提供したことに由来する。

三次元のメッセージ

Mauk Design @ San Francisco

モーク・デザイン

コンピューター、ネットワーク、エンターテインメントなど、新しい技術が次々と生まれるカリフォルニアは、世界中でもっともイベントが多彩な場所でもある。

ペンタグラムのオフィスからほど近い、サウス・オブ・マーケットの一角。ここにアメリカでも特異な存在のデザインオフィスがある。

「モーク・デザイン」は、展示会を専門にしているデザイン会社だ。需要が多い分、競合も激しいのではないか。そんな疑問を携えて、代表のミッチェル・モークに会った。

「意外に思えるかもしれないけれど、展示会に特化したデザイン会社は全米でも四、五社しかないんだ。そういう意味では競合はゼロに近い」という。アメリカでは展示会の企画からデザイン、施工まではファブリケーターと呼ばれる内装業者が九十八パーセントのシェアを握っているのが現状だ。サンフランシスコを中心としたベイエリアには十二社のファブリケーターがおり、ほとんどのイベントは彼らが手がけている。

「しかし、いい家を建てたかったら建築家に依頼するのと同じように、最近は、多くの企業が専門家に展示デザインを担当させる重要性に気付き始めている」。インテル、アップルコンピュータ、ソニーUSAといったハイテク企業から、リーバイス、フォルクスワーゲンといったオールドエコノミー企業まで、有名企業からの展示会の依頼は引きも切らない。しかも広告代理店を通さず、ほとんどの場合、クライアント企業から直接、依頼を受けている。

「展示デザインをする上で一番大事なことは、クライアントのコンセプトをどれだけきちんとくみ取れるかなんだ。だから、余計なメンバーはいてほしくない。経験からいうと僕らと担当者と合わせて十人が限度だね」。もちろん代理店が間に立つ場合もあるが、必ずクライアントと直で打ち合わせをするという条件を守っている代理店と組む。
「以前は、小さめのモックアップ、さらに具体化したモックアップをつくり、確認しながら進めていた。近年は制作時間や予算の制約があり、コンピューターレンダリングで起こした絵でプレゼンしている」。

だが、ここで重要なのは、アイデア段階で必ずシンプルな模型をつくることだ。それは単に紙を切って貼っただけのものにすぎない場合が多いが、それをもとに打ち合わせをすると、クライアントやスタッフが手を入れられるので、その過程でアイデアが現実化していくという。

これでいける、という確信を得たら、すぐに州の消防法、建築基準法に照らし合わせる。
「展示というのは一過性のものにすぎない。でも、観客にとって建物や仕掛けはブランドイメージに直結している」。だから、素材にはこだわり、日々新素材のリサーチを欠かさない。集めた素材情報はサンプルとともにモーク・デザインのライブラリーに蓄積されている。かつてミッチェル・モークは少年時代、大阪万博を訪れて触発された。ティーンエージャーになると、材木店やメタルショップでアルバイトをし、素材への知識を深めた。その経験がいま役に立っている。

デザインや素材が固まると、あとはファブリケーターに施工を任せるのだが、必ずすべての工程に立ち会い、コンセプトがきちんと守られているかどうかをチェックする。もちろん実際の展示にも足を運び、意図したアイデアが機能しているかの確認も欠かさない。コンセプトを三次元に表現し、その中を歩く瞬間こそ、もっとも興奮するときだという。

職人的な仕事のスタイルを守りつつも「これからの展示はもっとインタラクティブになる」という展望を語るモーク。そんな彼の傑作はなんといっても彼のオフィスそのものだろう。入り口の鉄のドア、クローゼットの板、そして天井を行き交う〝コンセプト・デリバリー・システム〟(十五頁左下写真参照)。その一つ一つが「展示は楽しくてエキサイティングだ」と語っているようだ。そして、いい作品の背後にはいいオフィスがあることを改めて教えられた。

インテルSIGGRAPHショー。プロモーションビデオに登場した黄色いレーシングカーをバブルのなかに封じ込め、CPUのスピード、知性、頭脳をメッセージとしている

モーク・デザイン

Mauk Design @ San Francisco

リーバイスのMAGICショー。ビレッジをテーマとし、ボックスをランダムに重ねてマジカルな雰囲気を醸し出している

マウンテンバイクのフレームに吊るされた「コンセプト・デリバリー・システム」は、ミーティングルームとスタッフのデスクを自在に行き交う。
「展示デザインはグラフィックでもなければ、建築でもない不思議な領域」と語るミッチェル・モーク。これからの展示はもっとエレクトロニクスを駆使した、イメージ主体のものになってゆくだろうと予言する

ソニー・プレイステーションE3ショー。光るアーチがビデオゲームとインターネットアクセスとオンラインゲームとEメールの融合を表している

Chapter 01

モーク・デザイン　1991年、ミッチェル・モークがサンフランシスコに設立したエキシビション専門のデザインオフィス。タイポグラフィーにも造詣が深く、80年代にはCI、パッケージなども数多く手がけていたが、90年代に入り西海岸のハイテク産業の加速化とともにエキシビションに焦点を絞っていった。ソニー、インテル、シスコシステムズ、サンマイクロシステムズ、リーバイ・ストラウス、アップル、オラクル、マイクロソフト、フォルクスワーゲンなど、世界的な企業の展示会を一手に引き受けている。

ウェブデザインの先を走る集団

Sapient@San Francisco

サピエント

技術革新がめまぐるしい現代にあっては、もはやウェブデザインという概念すら陳腐化をまぬがれない。企業の経営戦略からブランディングまでをウェブサイトに取り入れながら、より戦略的なウェブサイトを構築することが時代の要請だ。ウェブ制作の先端を走るサンフランシスコでは、デザインの範疇を大きく踏み越えようとする試みがなされていた。

一九九一年マサチューセッツ州ケンブリッジに設立されたサピエントは、ウェブビジネスを統合的に支援する制作会社だ。全米に十四オフィス、二千三百人のスタッフを擁するこの巨大情報テクノロジー企業に、サンフランシスコから参画したのがクレメント・モックである。九七年当時、彼はスタジオ・アーキタイプという百五十人規模の制作会社を率い、ウェブデザインの分野で確固たる地位を築いていた。

ところが「ウェブデザインはもう古い！」と、クレメント・モックはあっさり切り捨てる。インターネット技術もテレコミュニケーション技術も、いかに企業と顧客とをインタラクティブにつなぐかがゴールであり、デザインは一つの要素にすぎないという。そんな彼がさらに規模の拡大を求めてサピエントとの融合を図ったのは、明快なコンセプトがあったからだ。

「ウェブデザインだけとか、技術供与だけとか、僕らはサービスの切り売りはしない。企業のインターネットビジネスを統合的に支援する、いわばコンサルティング会社だと考えているんだ。そこでの制作作業はコラボレーション（知的共同作業）だ。個人の才能で完結してしまうグラフィックデザインよりも、むしろ映画制作に近い。つねに新しい技術、ビジネスモデル、ユーザーの動向などを捉えた複数のスタッフ同士の協力が欠かせないんだ」。

まさにドットコム時代の寵児だった彼自身が、ウェブにおけるスーパースターの存在を完全に否定する。サンフランシスコ・サピエントには約二百人のスタッフがおり、グラフィックデザイナー、コンテンツデザイナー、ストラテジー、ブランドデザイナーなどがデザイン面を担当。サピエント全体ではデザイナーだけでざっと四百人。人材はすべて自前でまかなえる。

「いくら優秀なメンバーを集めて、GO！と号令をかけても、ウェブプロジェクトは動かない。コラボレーションはビジョンを共有していることが前提となるんだ」と言いながら一冊の分厚い本を出した。タイトルは『プロセスフレームワーク』。けっしてマニュアルではない。デザイナー、リサーチチーム、技術者、みんなの意識合わせをするための手引書だ。つまり、一つのプロジェクトに深くかかわり、ワークプロセスを正しく理解している人間が求められる。数か月から一年、ときには二年を要する長丁場の仕事の場合はなおさらそうだ。だから、サピエントでは特殊な才能や技術が必要な場合を除き、基本的にプロジェクトチームを社内のメンバーで構成する。

ウェブの世界は今後、専門化が進むだろうと予測するクレメント。すでに米国内では市場が成熟するにつれ、エンターテインメント専門とか、アニュアルリポート専門とか、特定の分野に特化したウェブクリエイターが登場しているという。さまざまな才能を持ち寄ってコラボレーションする時代。そこで必要なのはコミュニケートするオフィス、考えるオフィスとともに、クレメントのような、方法論を熟知したディレクターの存在だ。

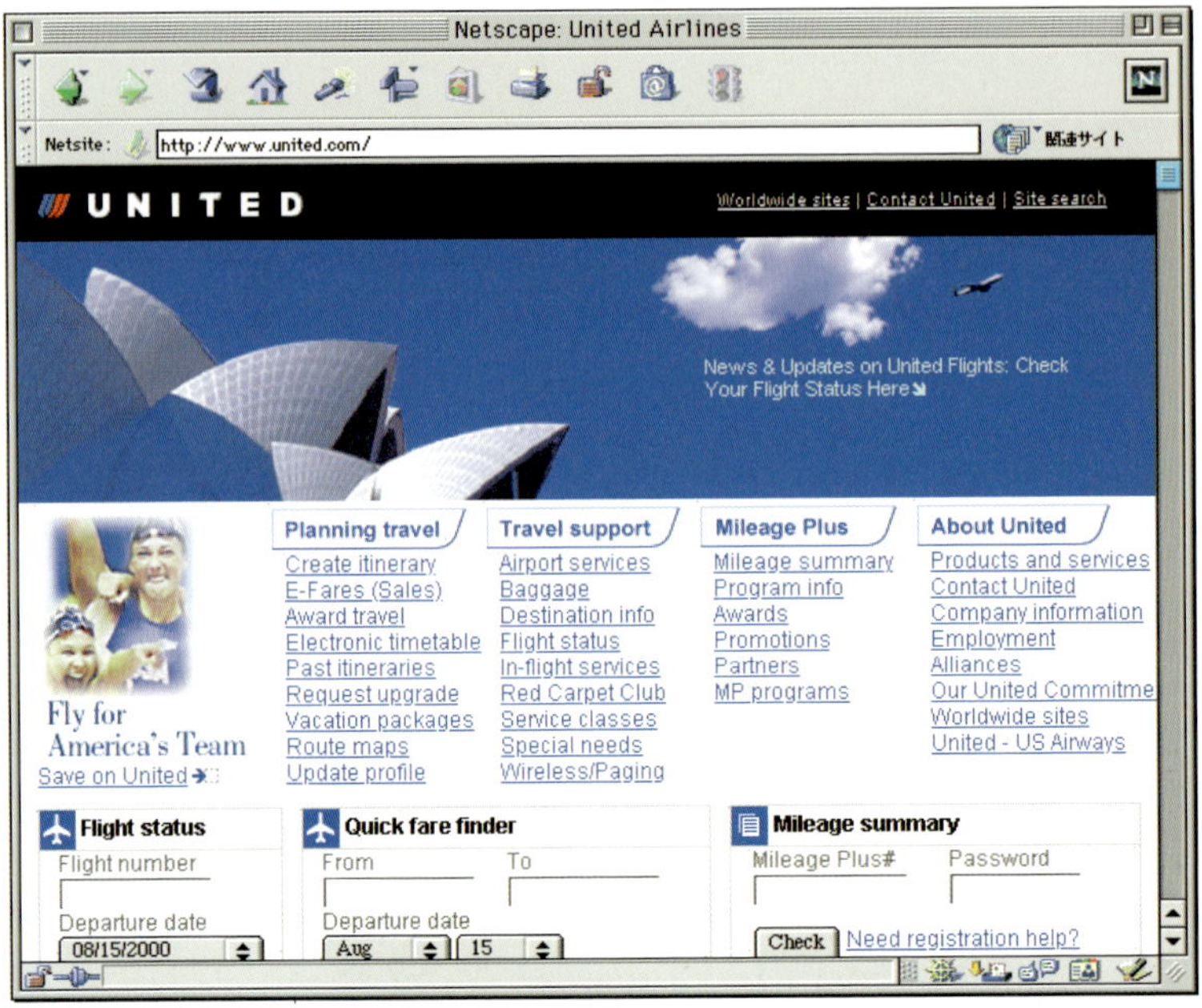

サピエントの手がけたウェブサイト。
ユナイテッド航空　http://www.united.com
パタゴニア（アウトドア用品）　http://www.patagonia.com
ホールマーク（カード）　http://www.hallmark.com

サ ピ エ ン ト

Sapient@San Francisco

ウェブサイトのプランニングを担当しているストラテジーデザインチームの一角。
コミュニケーションを活発にする場であるミーティングルームに対して、個々のデスクは思索に集中できる静かな環境

サピエントのCCO（チーフ・クリエイティブ・オフィサー）、クレメント・モック。ニューヨークでデジタルデザイナーとして注目を集め、その後、アップルコンピュータ社のクリエイティブ・ディレクターを務めた。現在、400人ものサピエントのクリエイティブスタッフを統括している

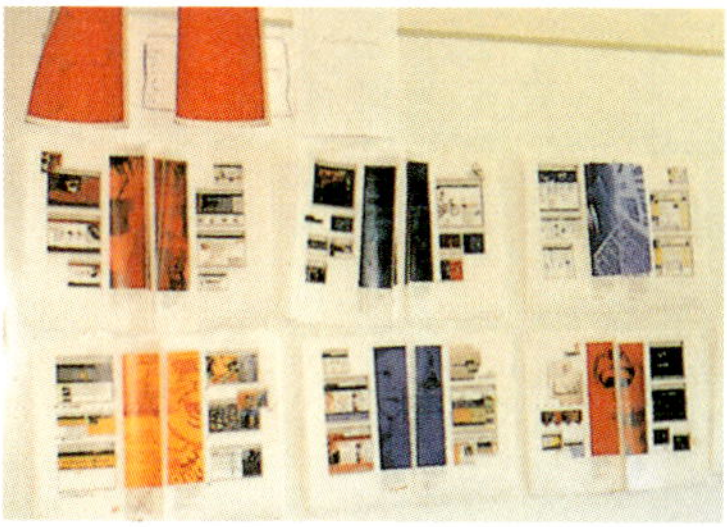

意見大歓迎的スタンスで
壁に張り出されたプロジェクト

Chapter 01

サピエント　1991年、マサチューセッツ州ケンブリッジで設立。米国をはじめ5か国に13オフィスを構える巨大ITデザインカンパニー。情報技術の隆盛とともに旺盛なM&Aを経て急成長を遂げた。従業員総数は約2,000名、S&P500社にランクインしている。ナショナルシティーコーポレーション（金融）、ジャナス（投資顧問）などの民間企業のネットバンキングシステム構築のほか、ユナイテッド航空のオンライン予約サイト、ホールマークをはじめとするネットショッピングサイトなどの立ち上げを手がけた。また、英国政府、マサチューセッツ工科大学、アメリカ海兵隊など公的機関も多数クライアントに持つ（P28参照）。

アワリーレートとの決別

Cronan Design @ San Francisco

クロナン・デザイン

ネットワークの発達は、デザイン表現はもちろんのこと、クライアントとの関係性をも変えてしまう。とりわけ見積もりの立て方についても、その変化は著しい。

マイケル・クロナンが二十年前、サンフランシスコのサウス・オブ・マーケットにデザインオフィスを開いたとき、メインのクライアントは、リーバイス、エスティ・ローダー、ウイリアムズ・ソノマといった、伝統的なオールドエコノミー産業だった。

「私は典型的なアメリカンデザイナーだった。広告もカタログも、CIも、サイン計画も、とにかくあらゆるグラフィックをこなしていたんだ」。

そうした仕事の見積もりはおおよその市場価格に基づいて算出されるのだが、その拠り所となっているのが「アワリーレート」、つまり時間単価である。制作に要する時間を見積り、デザイナーの給料にオーバーヘッド（管理費、諸経費、利益など）を乗せて算出するのだ。請求に際しては、弁護士費用やタクシー料金のメーターのように作業時間が無制限に積算されるのではないものの、全体の予算からスタッフのかけられる時間を割り出し、極力その中で成果を出すよう要求される。

「いま、サンフランシスコやニューヨークで、新卒のデザイナーの年俸は少なくとも三万〜三万五千ドルぐらいだね。アート・センターみたいな名門校の新卒の場合は、三万五千〜四万ドル。アワリーレートで計算すると、一時間あたり四十五〜五十ドルになるかな」。

経験五年以上のシニアデザイナーになると、アワリーレートで百〜百五十が相場。ディレクタークラスに至っては、さらにその一・五倍はチャージするという。

ところが、マイケル・クロナンの場合、その見積もり方法が最近大きく変わってきた。

「ここ数年、仕事の内容がベンチャー企業のCIに集中してきたんだ。とりわけ社名開発とビジュアルアイデンティティーに特化し、新しい社名やロゴの提案を毎日、数十、数百と提出する。いくら時間をかけてもなかなか決まらない場合もあるし、一発でゴーサインがでる場合もある。従来の時間積み上げ方式の見積もりはなじまなくなったんだ。それに、多くのベンチャー企業の場合、創業者自らがブランディングの担当者となる。彼らは初めに『いくらかかるんだい?』と、口癖のようにたずねる。だけど最後は『このアイデンティティーはサクセスフルか?』って聞いてくる。マーケットで通用するかどうかが最重要課題なんだ。だからいくら時間をかけたってダメなものはダメ。料金に見合うだけの納得のいくロゴをつくってくれたら、喜んで払おうじゃないかっていうわけさ」。

クロナン・オフィスは二〇〇〇年四月、郊外に移転したのを機会に、週に一度のコアタイムに顔合わせをするほかは、七人のスタッフは在宅勤務。いつ、何時間仕事をしても自由だ。締め切りまでに仕事を仕上げ、バーチャルオフィスに仕事をアップロードすればいい。ネット上のFTPを介したプレゼンテーションもクライアントに好評だ。そして、何度NOを連発されようとも、決定後に覆ろうとも、見積もりは作業時間にかかわらず一律。

アワリーレートをフラットレートに切り替えることは、それなりに勇気がいることだ。「絶対に決めてみせる」という意思と、何度ダメ出しを喰らっても提案しつづける強靭さが必要だ。得意分野をフォーカスすることによって、すべてがうまく動き始めたというマイケル・クロナン。そこには、アメリカの若い頭脳とアイデアと資金が結集するベンチャービジネスと互角に戦いを展開している自信がうかがえた。

Cronan Designで手がけたCI。
左上から時計回りに、
BRODIA.COM、
SANTA LUCIA PRESERVE、
FinancialEngines、TIVO

クロナン・デザイン

Cronan Design @ San Francisco

最近のマイケル・クロナンは、グラフィックデザイナーとしてよりも、ネーム開発に才能を発揮している。すでに約500種類の社名が登録商標取得済みだ。「せっかくいい名前を提案しても、書類手続きでもたついているとボツになる。立ち上げまでの日数が限られているベンチャー企業では、すぐ使えるということも大事なんだ」と語る

社員数は、3人の正社員と4人の協力スタッフの合計7人。週に1度のコアタイムを除けば、勤務の時間も場所も自由。平均出社日数は週3日だという。給料は固定給だが、働きに応じてボーナスが支給される

クロナン・デザイン　2000年、グラフィックデザイナーのマイケル・クロナンがカリフォルニア州エマリービルに立ち上げた、ネーミングとブランディングに特化したデザインオフィス。オンデマンド映画配信のTiVoをはじめVerio、New Scaleなど、シリコンバレーを本拠地にするベンチャー企業のブランド立ち上げと育成を支援。ネット上に仮想オフィスを置き、いつでも、どこでも仕事ができる環境をいち早く整備。協力デザイナーたちは必要に応じて顔を合わせる、ゆるやかな連携によるワークスタイルを取っている（P28参照）。

実力があれば場所を問わない

Michael Mabry Design @ San Francisco

マイケル・マブリー・デザイン

ハイテク、金融関連を中心に空前の好景気にわくサンフランシスコでは、ここ数年、地価高騰の大波に洗われている。サウス・オブ・マーケット地区のオフィス賃料も一平方フット(〇・〇九平米)あたり年間平均十ドルから、たった三年ほどでなんと五倍に上昇し、天井知らずの勢いだ。加えて、交通渋滞と駐車場不足のすさまじさは、東京をしのぐ。すでに往復通勤時間三時間はザラである。この貴重な時間をクリエイティブな仕事に充てられたらと思うのはデザイナーなら共通の感想だろう。だが、営業面でのマイナス面もある。安易な引っ越しは都落ちにすぎない。成功するためには、それなりの条件が必要だ。

マイケル・マブリー・デザインは九九年七月、二十年近く慣れ親しんだダウンタウンのオフィスを引き払い、ベイブリッジ対岸のエマリービルに移転した。リテール・アイデンティティーとパッケージデザイン、それにイラストレーションを得意分野とし、都会的な洗練されたデザインには定評があるマイケル。まさに典型的なサンフランシスコ密着型のタウン派があっさりと引っ越しを決意した。

「住まいがイーストベイにあって、たかだか車で十五分のベイブリッジを渡るのに、朝夕になると一時間以上かかっていたんだ。もっと余裕のある環境で仕事をしたいという思いがだんだん強くなってきたわけ。家族と過ごす時間も増やしたかったしね」。

というわけで万事が順風満帆。かつて、「サンフランシスコに三人のマイケルあり」とデザイン界で言われた実力があればこそ。今ではクライアントが頻繁にやって来るようになったという。力のあるデザイナーなら、場所のデメリットをはね返して余りあるという好例だろう。

引っ越しは戦略だ

Profile Design@San Francisco

プロファイル・デザイン

二〇〇〇年四月、サウス・オブ・マーケットに野球場がオープンした。サンフランシスコ・ジャイアンツの本拠地、パシフィックベルパークである。野球ファンには願ってもないことだが、手放しで喜んでばかりもいられないのが近隣のデザインオフィスである。

プロファイル・デザインは、野球場とは目と鼻の先のタウンゼント通りで十年間、オフィスを構えていた。食品メーカーやハイテク企業などをクライアントにもち、従業員は二十六名。サンフランシスコでは中堅のデザインオフィスだった。

「再開発計画にともなって、移転を余儀なくされたんですが、このままサウス・オブ・マーケットでいいのかと考えたんです」と語るのは副社長の西脇健一。折から、インターネットの爆発的な普及にともない、ウェブ関連の仕事が急速に伸び始めていた。そこで、引っ越しは事業戦略を練り直す好機だと発想を転換。ネット関連にフォーカスすることで活路を見出そうと決意した。すると、過密化と地価高騰に逆らってまで、サウス・オブ・マーケットにこだわる理由がなくなった。

彼らが選んだ場所は、ゴールデンゲートブリッジを渡って北へ車で約二十分。サン・ラファエルという静かな町だった。西脇はじめ、社長のラス・ベーカーもこの近辺に住居を構えていた。サンフランシスコでは中堅でも、サン・ラファエルならトップ規模のデザインオフィスになれる。そんな理由から九九年十一月末、フロンティア的引っ越しを敢行。肝心のビジネスも、ネット関連の比重が伸びて目論見どおり。現在は社名変更も視野に入れつつ、ネットの仕事にフォーカスしているという。

[左] 展示会のギブアウェイグッズとして制作したアップルトン・ペーパー社のコースターと缶。
[右] 地元出版社のクロニクル・ブックス社を中心に、本の装丁や絵本づくりの仕事も多い。予算がきつい場合は、なるべく自由にやらせてくれるよう交渉するのが、お互いにハッピーになるための近道だという

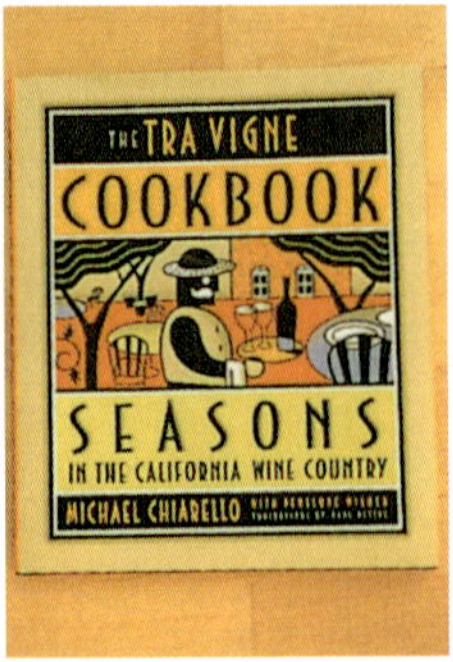

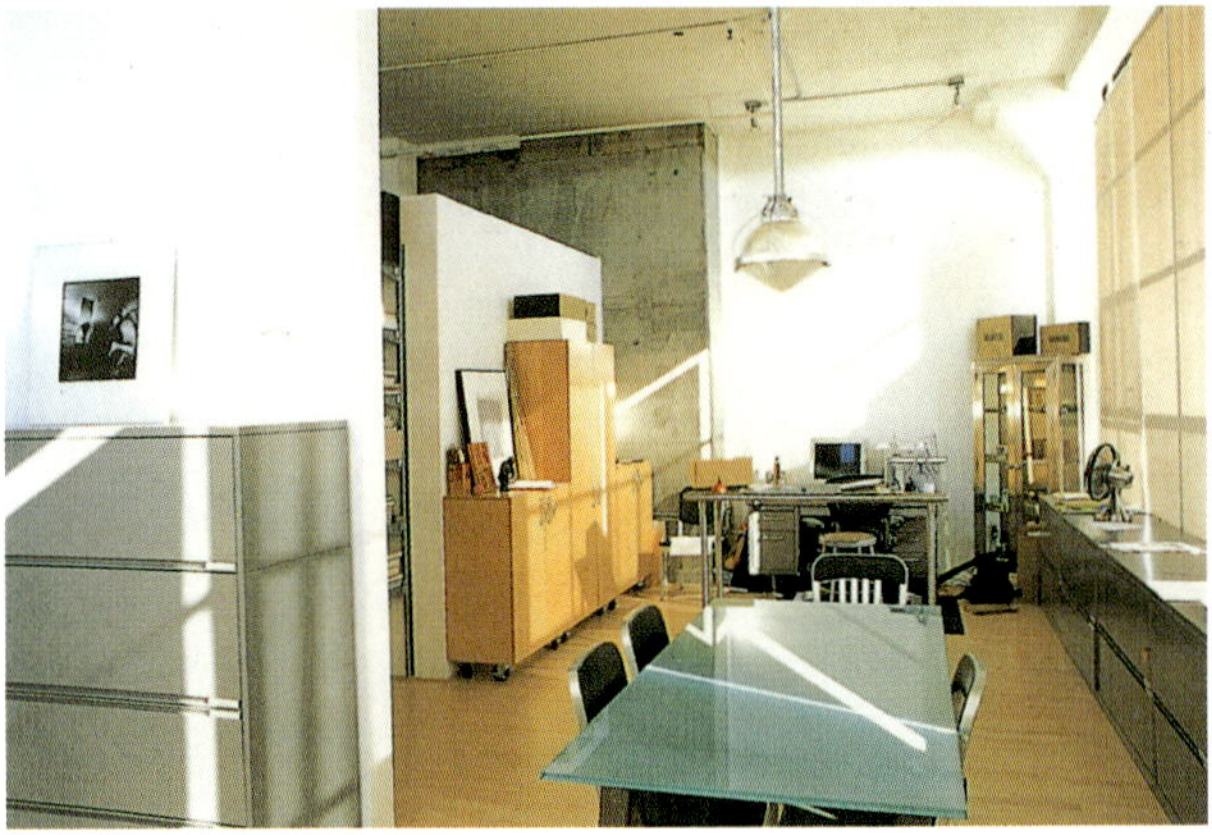

現在、マイケルを含め5人のスタッフで、約140m²のオフィスを使っている

マイケル・マブリー・デザイン
1981年、グラフィックデザイナー&イラストレーターのマイケル・マブリーがサンフランシスコのSOMA地区で設立したデザイン会社。パッケージ、ポスター、ブロシュア、CIなどを得意とし、シンプルで親しみのある上質なデザインには定評がある。サンフランシスコ以外のクライアントが半分以上を占め、全米からオーダーが舞い込む。『ニューヨークタイムズ』紙の政治風刺漫画も長年にわたり担当。2000年、ベイブリッジを渡ったエマリービルに移転。6名のデザイナーも一緒に移ってきた。創立当時からのスタッフも在籍しており、「日本みたいだろう?」(笑)とのこと。

引っ越しの唯一のデメリットは、雑踏の刺激がないことだと語るマイケル・マブリー。ダウンタウンへ打ち合わせに出かけたときには、努めて街をブラブラしてくるという

Chapter 01

マイケル・マブリー・デザイン

Michael Mabry Design @ San Francisco

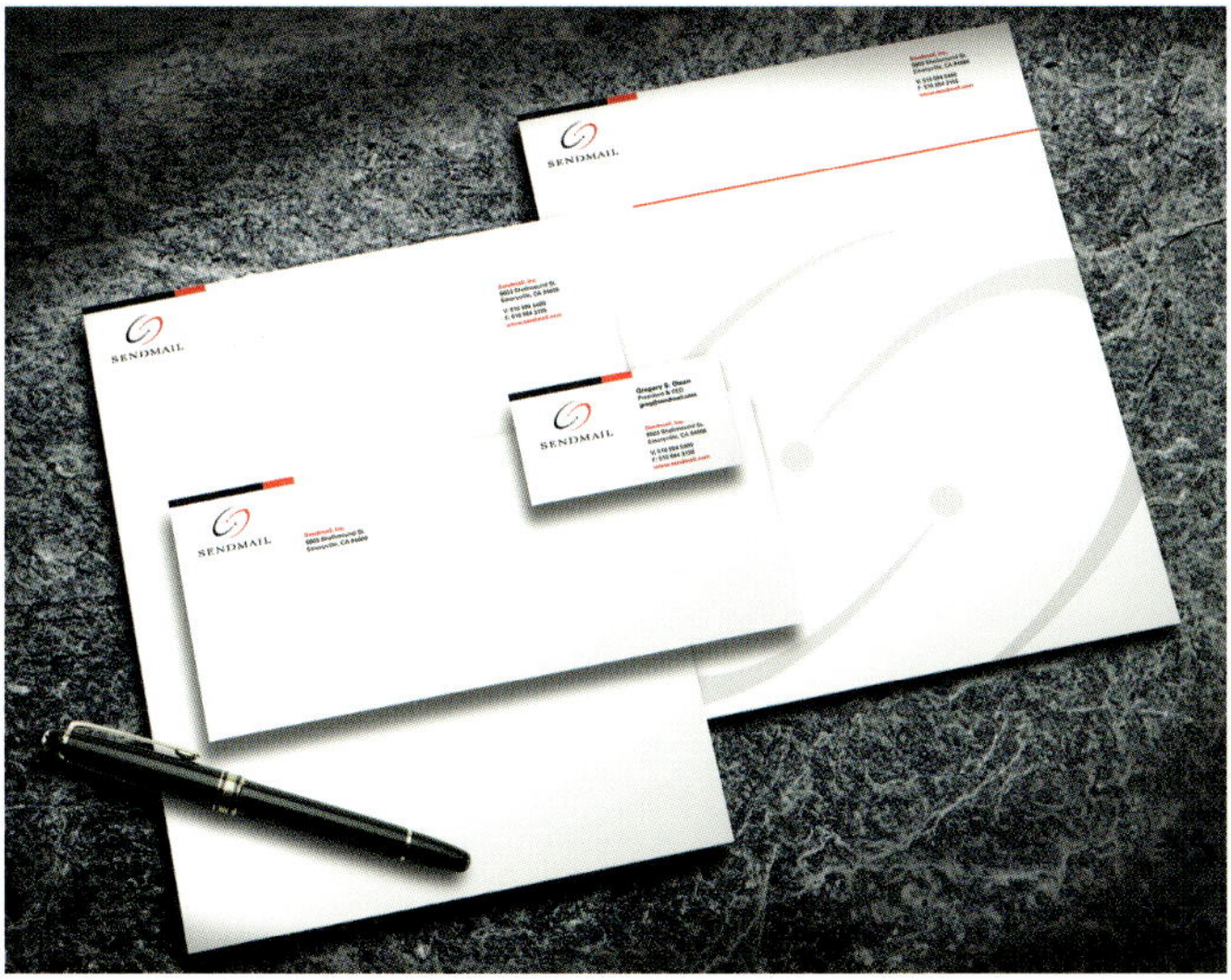

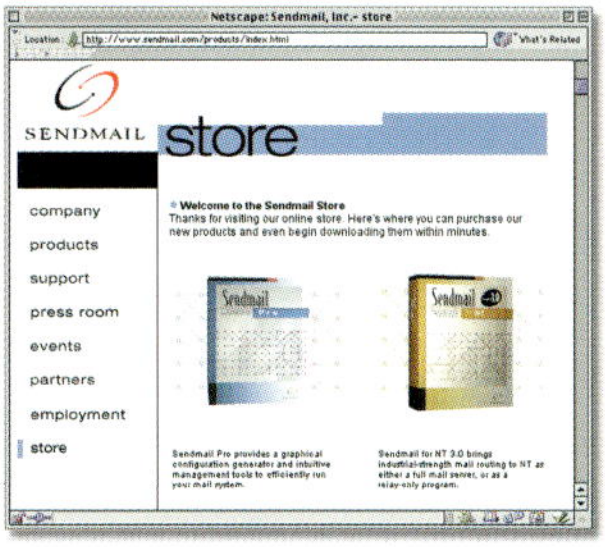

CIとインターネットをつなげた「ブランドソリューション」を得意分野とするプロファイル・デザイン。クライアントとやり取りの多い修正や再プレゼンも、メールやFTPで確認を取れるので場所のハンディはない。写真は、SENDMAIL社のCIとウェブサイトのデザイン

プロファイル・デザイン

1988年、クリエイティブディレクターのラス・ベーカーがサンフランシスコSOMA地区に設立。コカコーラ、ペプシ、クラフトなどの商品ブランド・デザインを経て、90年代から徐々にインターネットとCIを融合させたブランドソリューションに特化。2000年、サンフランシスコ郊外への移転を機に、さらにこの路線を強化した。クライアントのほとんどがサンノゼのネット系ベンチャー企業という。グラフィックデザイナーのほか情報技術者、合わせてスタッフは26名(P-28参照)。

クリエイティブディレクター兼副社長の西脇健一

延べ床面積約550㎡の新社屋。かつて倉庫だった建物をそっくり借り受け、煉瓦造りの外壁を残したほかは、すべて改装。地下にはパーティーもできるフルキッチンの設備がある。ここ数年、ベイエリアは求人難のため、待遇や職場環境を整えなければ、いい人材を確保できないという

Chapter 01

プロファイル・デザイン

Profile Design @ San Francisco

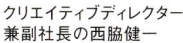

記事中で紹介した(2000年に取材)ペンタグラム、モーク・デザイン、マイケル・マブリー・デザインは、2005年現在も同様の環境で創作活動を続けている。以下、3社に関しては若干の動きがあったので、補足しておきたい。

クロナン・デザイン

Cronan Design(P20-23)

初心に戻る

2004年10月、学園都市バークリーに移転。3エーカー(約3,600坪)の丘に立つ一戸建てを借り、職住一体型のスタジオを建設中だ。業務内容は引き続き、新興企業のClとブランディング。一方で、元々画家を志していたマイケル・クロナンは今、創作活動の原点に戻り、本業のかたわら油絵を始めている。

Cronan Design
3090 Buena Vista Way Berkeley CA
94708 2020 USA
www.cronan.com
Tel: +1-415-720-3264

プロファイル・デザイン

Profile Design(P25-27)

社名変更

2004年、プロファイル・デザインはシンビックに社名変更した。正確には2000年から4年間、新旧社名が併存する形になっていた。グラフィックデザインはプロファイルで、ネットブランディングはシンビックで行っていたのだ。現在は同じサンラファエル市内の新オフィスに移転も完了し、シンビックとしてビジネス展開する体制が整ったという状況だ。

Cymbic, Inc.
587 Heather Way San Rafael, CA 94903 USA
www.cymbic.com
Tel: +1-415-472-4500
Fax: +1-415-479-7156

サピエント

Sapient(P16-19)

新たな挑戦

2001年に、ロサンゼルスに拠点を移動。サンフランシスコ・オフィスの求心的なリーダーだったクレメント・モックは、外部協力ディレクターとして引き続きサピエントとコラボレーションをしている。またモックは2001年から2003年までAIGA(アメリカグラフィックデザイン協会)会長を歴任。現在は自らの事務所を立ち上げ、著作権フリーのストック写真ビジネス、Visual Symbols Libraryも運営している。

CMCD - The Office of Clement Mok
610 Rhode Island Street
San Francisco, CA 94103 USA
www.clementmok.com
www.visualsymbols.com

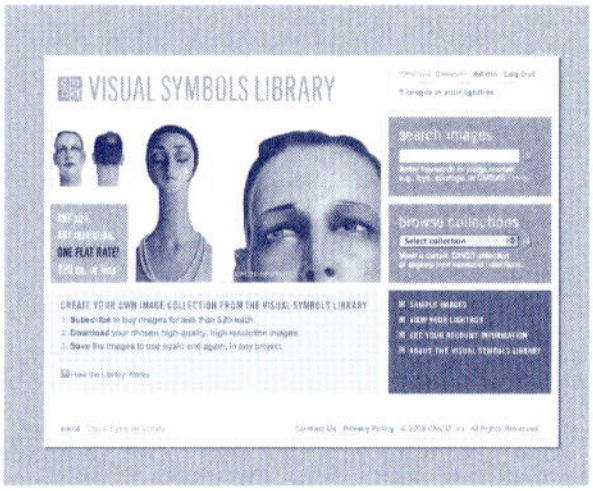

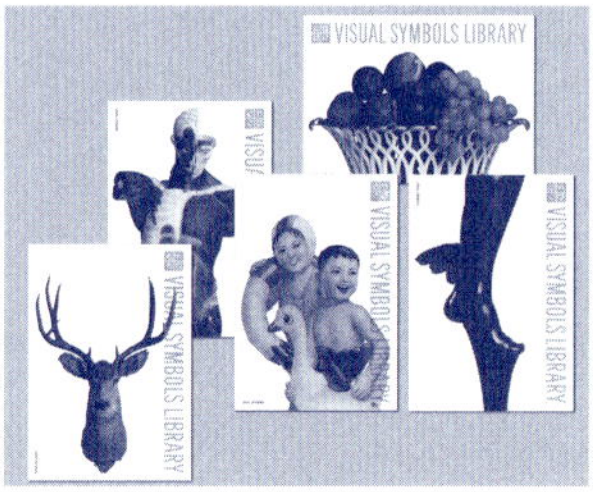

米国
コンサルティング・
デザインの
現場から

American Design Consultants

Chapter 02

デザインを経営戦略の重要な要素と捉え、その両者を結びつけた
デザインコンサルティングの動きが米国ではこのところ活発だ。
ブランド構築の過程で明らかにされる企業価値や特性は、
経営のビジョンを照らし出すだけでなく、
クリエイターにとってもデザインの方向性を絞る上で貴重な共通認識となる。
サンフランシスコ、シカゴ、そしてニューヨークで戦略＆デザイン・ソリューションを提供する
注目のデザインオフィス3社を取材した。

メタデザインのプレゼンテーションツール「レッドブック」

Chapter 02

メタデザイン

Meta Design North America @ San Francisco

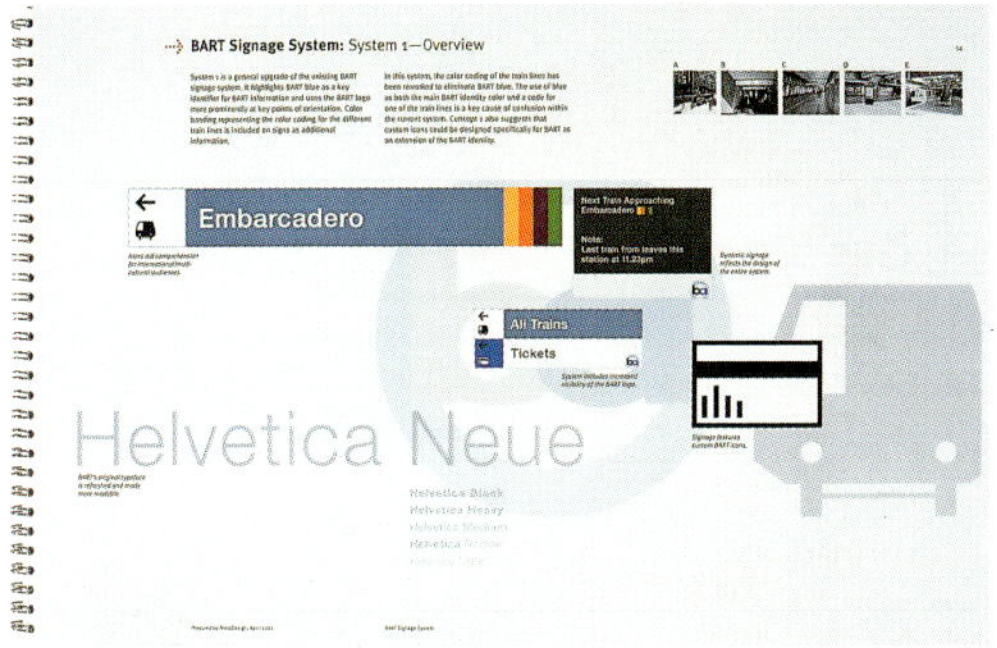

以下3点は、サンフランシスコの公共交通網である「BERT」のサインシステムを評価したリポート。コンサルティング会社のブーズ・アレン＆ハミルトンと共同で綿密な実地調査を実施して改定デザイン案をまとめ、市に対してプレゼンテーションしたもの。メタデザイン内部では「レッドブック」と呼んでいる、こうしたプレゼンツールは、グラフィックデザイナーの手で精緻にまとめられ、それ自体がすぐれた作品となっている（表紙は右ページ参照）

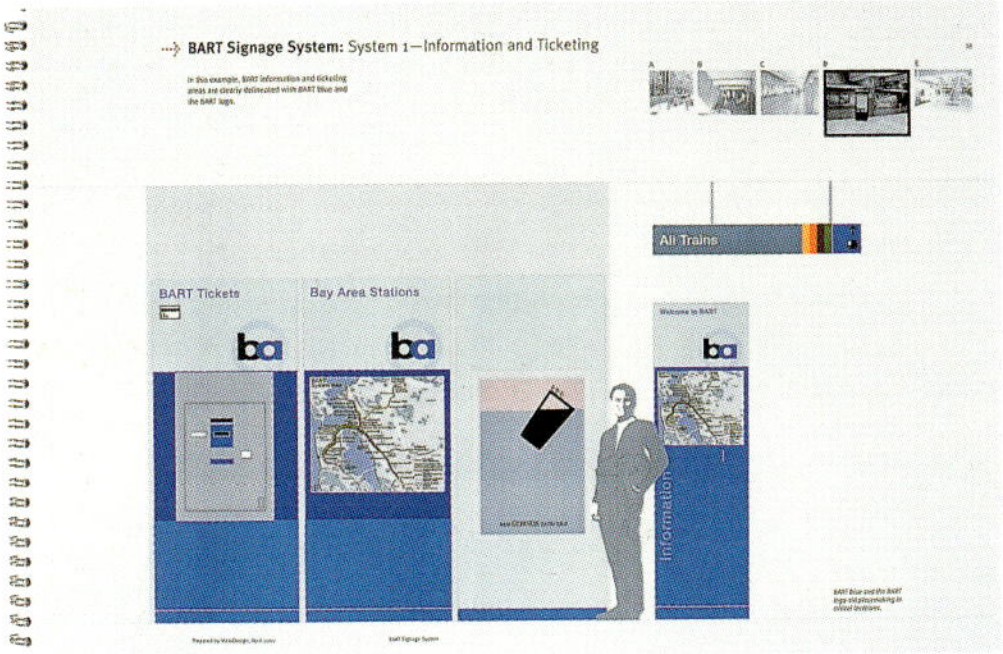

調査の結果、現状のサインシステムは見づらい、一貫性がない、利用客のニーズに対応していないといった課題が明らかになった。新提案ではBERTの指定色である青をキーアイデンティティーとして用い、ロゴを一回り大きく際だたせている。また、同一ホームに複数の路線が乗り入れるBERTでは、その識別が重要だ。メタデザインは色分けによって分かりやすい提案をしている

BERTのほか、路面電車のMUNI、フェリーなど他の交通機関との連絡表示も重要となる。これは実際の駅構内の写真に新サインシステムを合成し、シミュレーションしたもの。公共交通機関はサンフランシスコ市の貴重なブランド資産であるという観点から、多様化する通勤スタイルや増加する内外旅行者の利便性を高めるためにサインを全面的に捉え直している

コンサルティングデザインとは、プロセスだ

Meta Design North America @San Francisco

メタデザイン

メタデザインといえばインフォメーションデザインの専門家として欧米では認知度が高い。その実績を知る多くの企業や公共機関から、ロゴやサイン開発の案件が持ち込まれる。デンバーアートミュージアムも、そんな顧客のひとつだ。彼らのコンサルティングスタイルを語る上で格好のケースとして、サンフランシスコ・メタデザイン代表者のビル・ヒルと、クリエイティブディレクターのブレット・ウィッケンスにプロジェクトの全容を語ってもらった。

「デザイン以前」の大切さ

デンバーアートミュージアムはここ数年、拡張工事を進めており、新しい建物の完成を前に新しいアイデンティティーを必要としていた。最初にビルとブレットに話が持ち込まれたとき、発注項目はロゴの開発だけだったという。しかし、メタデザインでは、コンサルティングの視点からアイデンティティーを創出する。まず顧客のビジネスを理解することが基本であり、調査やヒアリングが欠かせないからだ。それらをもとに、顧客企業のブランド戦略を策定し、最終的にデザインに落とし込む。彼らはこうした独自のプロセスを美術館側に説明し、理解を得ることから始めた。その上で初めてプロジェクトはスタートした。

実作業段階に入るとメタデザインは、電話調査や街頭インタビュー、ネット調査などを開始した。今回、特に重点を置いたのは、通称「ブランドストーム」というセッションだ。これは美術館の会員や、デンバー市内のシニア市民など複数のフォーカスグループを集めてのワークショップである。

Denver Art Museum

Denver Art Museum

DENVER ART MUSEUM

Denver Art Museum

新築にともなうデンバーアートミュージアムのアイデンティティー・リニューアル計画のプレゼン案。メタデザインはネーミングからアイデンティティーのガイドライン作成までトータルに担当した。ロゴの提案では、建物の屋根の形状をモチーフにした第1案（左上）を始め4案を提出。いずれも「ART」を重要なメッセージと捉えている。最終的には第3案（左下）が選ばれた

プレゼンテーションでは、上の4案のロゴをそれぞれ名刺、レターヘッド、ウェブサイト、展示リーフレットなどに展開し、実際にそのロゴが使われた時のイメージを分かりやすく見せている

アイデンティティーガイドラインをブックレット形式で作成したもの。このページではタイポグラフィについての諸規定が記されている。ニューズレターなど、文書類は美術館にとって大切なコミュニケーションツールだ。したがって、タイポグラフィはブランド特性を築く上で重要な要素となる。セリフ系のTrump Mediaevalは石刻文字をモチーフとしたドイツのクラシックな書体。いっぽう、Berthold Akzidenz Groteskはヘルベチカの前身となった19世紀末の書体である。両者は非常に相性が良く、ファクスでも可読性が高いという特長を持つ

Meta Design North America @ San Francisco

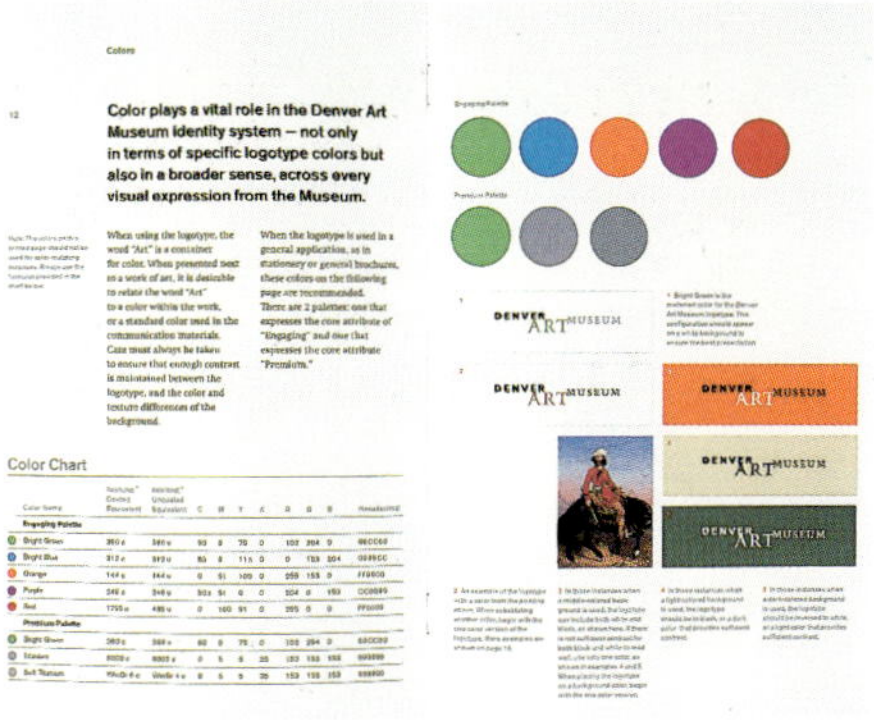

色彩の規定を示したページ。同美術館のブランド特性のうち、特に重要なEngagingとPremiumをもとに2パターンが策定された。Engagingとは顧客との交流を意味し、温かさや歓待をイメージする色となっている。またPremiumは最高水準のアートを意味し、それに沿った色が選択されている

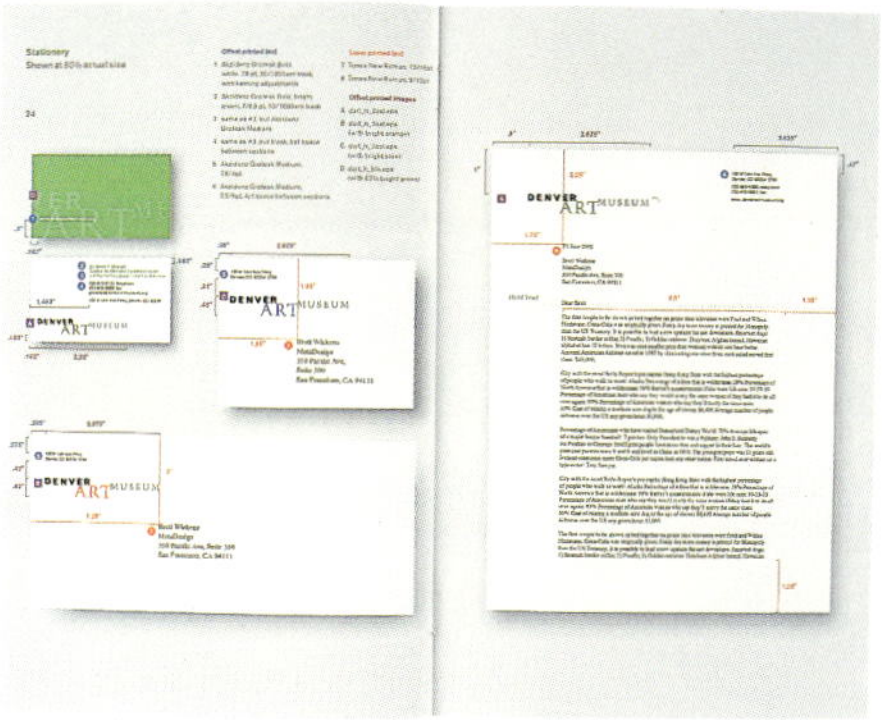

レターヘッドや名刺のガイドラインを示したページ。美術館といえども、昨今はビジネス的なアプローチが必要だ。ステーショナリーはその顔として特に重要とされる。レターヘッドにレーザープリンターでインプリントする場合を考慮し、セリフ系のTrump Mediaevalの代わりに、一般的な書体であるTimes New Romanの代用が可能な点もきちんと言及している

同社代表のビル・ヒル（左）と、
クリエイティブディレクターのブレット・ウィッケンス。

Chapter 02

メタデザイン　ドイツ鉄道をはじめ公共施設のサイン計画など、インフォメーションデザインで世界的に有名なデザイン会社。ベルリンに本社をおき、チューリッヒにもオフィスがある。サンフランシスコオフィスはビル・ヒルらを中心に1992年に設立された。Meta Design Europeの流れをくむ、インフォメーションデザインで定評があり、調査、ブランド戦略、デザイン策定、ガイドライン策定など、コンサルティングの手法を用いたデザインソリューションで、ゼロックス、インテル、パームコンピューターなど、多くの大手企業を顧客に持つ。

一連の調査を通して、デンバーアートミュージアムがどう認知されているのかを明らかにしていった。それをもとに顧客と検討を重ねた結果、四つのブランド特性へと収斂させていった。それは「プレミアム（最上）」、「エンゲージング（関係づくり）」、「コミュニティーフォーカス（地元密着型）」、「国際性」というものだ。これらの特性を文書化することによって、サイン計画、広報、宣伝活動など、あらゆるコミュニケーションを展開する上で一貫性が保たれる。

マークには何の意味もない

このようにメタデザインでは、デザインの前段階に相当の労力をかけている。なぜ、このような手順を踏むのかについて、ビルはこう答えてくれた。

「新しいシンボルマークには何の意味もない。最初はそういうものなんだ」。

たとえば、アップルのロゴは素晴らしいが、顧客が製品を実際に使ったり、サービスを受けたりして好ましい経験をすることによって初めてロゴ自体にも価値が生じてくる、とビルは言う。

サンフランシスコの金融街に隣接するメタデザインのオフィス。近くにはランドーなど老舗のデザイン会社も多い。IT全盛の2000年当時は60人以上が勤務していたというが、2003年には18人のスタッフに絞り込んでいる。そのうちグラフィックデザイナーは6人。それぞれが戦略もデザインもマルチで受け持つ体制を敷いている

往々にして顧客はたくさんの意味をロゴに盛り込もうとする。だが、それは不可能だ。マークとはブランド特性をシンボリックに表現するものであり、何年もかけてブランド価値の成長とともに醸成されるものだからだ。

そこが難しい点で、顧客はいつも性急に意味を込めたがる。だがそれを無理にやろうとすると、混乱をまねく。ターゲットに対して何をコミュニケートしようとしているかが曖昧になるのだ。

そこでメタデザインは、ロゴデザインをぽんと渡すのではなく、そのロゴを使う企業がどの方向をめざせばよいのかをともに考える。そして歩き始めた企業が迷わないように、ガイドラインを作成して手渡す。時にはブランドの再評価をし、進路を確認する。

その場合大事なことは、視覚的な要素を言葉に置き換える作業だ。プレゼンする相手は最終的にはCEOなどトップエグゼクティブらだ。彼らが理解できるような言葉で、デザインの価値をビジネスの価値として翻訳し直すことが大事なのだという。

メタデザインの提出する企画書は通称「レッドブック」と呼ばれている。その中を見てみるとデザイン的に優れていることはもちろんだが、説明の饒舌さに驚かされる。言葉を尽くすというのが、コンサルティングを標榜するデザイン会社にとって大切だと「レッドブック」は語りかけてくれる。

VSA & パートナーズ

VSA & Partners, Inc. @Chicago

VSA&パートナーズが手がけたハーレー・ダヴィッドソンの仕事。広告以外のすべてのツールを制作している。上は、ポスター、右頁上より2003年度カタログ、2001年度カタログ

チャンスとは、
戦略とデザインの
間にある

VSA & Partners, Inc. @Chicago

VSA & パートナーズ

求ム「ストラテジスト」

シカゴに本拠地を持つVSA&パートナーズの求人欄は、ちょっと奇妙だ。米国のデザイン雑誌や年鑑に入選する常連として、有能なデザイナーを多数擁しているのは当然のことだが、不思議なのはストラテジスト、リサーチャーといった、証券会社や投資顧問会社のような職種が並んでいることだ。実は前述のメタデザインにもこのポジションがある。コンサルティング系デザイン会社に共通の機能を受け持っていると言えるだろう。

VSA&パートナーズのシニアパートナー、デイナ・アーネットによると、ストラテジストとは顧客企業のブランド戦略を練る人。そしてリサーチャーとは内外のヒアリングや、業界環境調査、ターゲット環境調査などをする調査の専門家だという。彼らの経歴はビジネスコンサルティング会社出身者、MBAを取得した者、広告代理店経験者など多様だ。二〇〇三年、総勢六十五人中、三十五人がグラフィックデザイナー、ストラテジストとリサーチャーは十人が占めている。

VSA&パートナーズでは、すでに八〇年代の半ばからブランド戦略とデザインとを結びつけたクリエイティブを提供している。そのきっかけはあるクライアントから声がかかったことだった。

2001
HARLEY-DAVIDSON, INC.
ANNUAL REPORT
OUR SUCCESS DIDN'T HAPPEN OVERNIGHT.
It was built on a foundation laid by
GENERATIONS
PAST and PRESENT.
AND IT WILL CONTINUE TO GROW
WELL INTO THE FUTURE.

アニュアルリポート

左上より反時計まわりに、歴代の車種を集めたパンフレット、リクルートのためのポスター、小売店のデザイン、ツーリング用日誌。ブランドコンサルティングの視点から、外見的な特性やスペックよりも、ハーレー体験のすばらしさとはどんなものか、あるいはライフスタイルの中でどう位置づけられるかを一貫して表現している

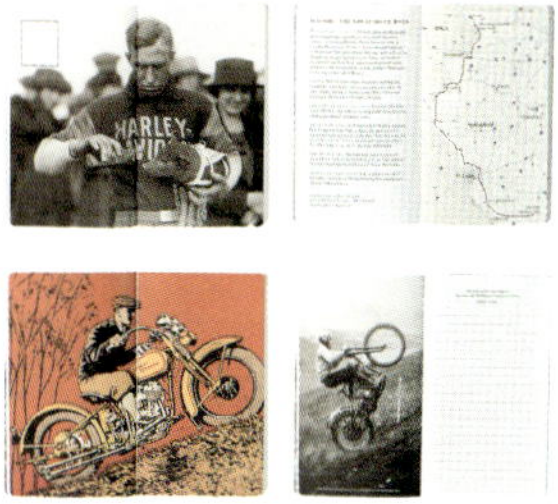

ハーレーと共に成長したバイク仲間たち

一九七〇年代、ハーレー・ダヴィッドソンは不振にあえいでいた。日本車の攻勢もさることながら、スポーツ用品の総合メーカーAMFの傘下で自らの位置づけが曖昧になっていたのだ。ようやくAMFから分離し、ブランドの再構築を開始したのが一九八五年。そのときの新経営者が声をかけたのがVSA&パートナーズだった。ハーレーはミルウォーキーに本社を構えており、VSA&パートナーズのあるシカゴとは目と鼻の先だ。

といっても当時はブランドの大切さなど認識していなかったとデイナは言う。八三年に設立したVSA&パートナーズは彼も含めて三人という典型的なブティックデザインオフィスだった。だが、バイク狂だったこの三人に、顧客のハーレーは「我々のビジネスを理解し、市場を理解し、そしてブランドを理解してくれ」という。それ以来、ビジネス戦略とデザイン戦略をパッケージで提供することになった。

九〇年代になると経済のグローバル化にともない、より緻密な調査や専門的な戦略が求められるようになった。そこでストラテジストやリサーチャーを手元に置き始めた。

現在、ハーレーに関しては広告をのぞく、すべてのツールのデザイン、ウェブ、店舗デザインなどを担当しており、二〇〇二年にミルウォーキーで開館したハーレー博物館のアイデンティティーも手がけている。

通常ＶＳＡ＆パートナーズでは、ひとつの案件に対し、プロデューサー役を務めるパートナー一名、ストラテジスト一〜二名。それにリサーチャーが必要に応じて参加する。さらにコピーライター一名、そして数名のグラフィックデザイナーでプロジェクトチームをつくる。そこには階層はなく、みんなが対等だ。こうした異なる才能同士がコラボレーションすることによって、特に若いデザイナーたちはビジネスを意識したモノの見方ができるようになるとデイナは語る。

「私たちはデザイナーとストラテジーのプロセスとをけっして切り離しません。彼らはいつも一緒です」。

見積もりについては、戦略、調査からデザインまで、ベースは時間で算出される。景気が停滞ぎみの昨今は、先に顧客側に総予算を提示してもらい、時間とスタッフを割り当てるケースも増えてきたという。これは前述のメタデザインでも同様だ。

戦略とデザインとを結びつけることによって、九〇年代から本格化する企業のブランディングとともに伸びてきたＶＳＡ＆パートナーズ。翻って今、ブランド戦略の転機を迎えている日本では、彼らのたどってきた道は大いにビジネスの参考となりそうだ。

VSA & Partners, Inc. @ Chicago

かつて大型トラックの発着場だった煉瓦造りの廃屋を改装し、1997年からオフィスとして使っている。「ニュースルームのようにしたかったんだ」とシニアパートナーのデイナ・アーネットが語るように、活気に満ちた大部屋的雰囲気だ。両脇には高さ約2.1mの壁がある。通称「Living Document」と呼ばれるこの壁面には、進行中のプロジェクトが貼ってあり、他のスタッフはもちろんクライアントも訪れて自由に意見を出し合う

同社シニア・パートナーのデイナ・アーネット。自らもハーレーの熱烈なファンである

VSA & パートナーズ　シカゴを拠点とし、ニューヨークにもオフィスを展開するデザインコンサルティング会社。15年以上継続しているハーレー・ダヴィッドソンのブランディング活動を始め、IBMのインナーツール “Think” magazine（現在はオンライン化されている）を手がけるなど、ブランド志向の強い国際企業を多く顧客に持つ。従業員は65名。そのうちグラフィックデザイナーは35名、ウェブクリエイター10名、戦略・調査の専門家10名を擁す。

すべてのデザインは
ブランド上の
決定事項だ

Lippincott & Margulies @ New York

リッピンコット＆マーギュリーズ

（現・リッピンコット　マーサー）

Lippincott Mercer

企業合併に欠かせないコンサルティング

日本でもこのところ紙上をにぎわすのが大企業同士の合併（M&A）。米国では日常茶飯事だというが、さすがに大型の合併案件をスムーズにまとめ、ブランドの再構築ができるデザインコンサルタント会社は限られてくる。巨大組織の改編は大規模なブランド資産の棚卸しが必要となるし、それをワンボイス（一貫したメッセージ）として短期間でまとめる手腕が問われるからだ。

リッピンコット&マーギュリーズは、そんな大舞台の仕切りができる数少ないデザインコンサルティング集団だ。一九四五年の創立以来、この分野におけるリーダー的存在として今日もデザインの世界で尊敬を集めている。なにしろ創設者のウォルター・マーギュリーズはコーポレートアイデンティティーという概念の生みの親である。いくつかの経営危機を乗り越えてそのDNAは引き継がれ、活発なM&Aを背景にふたたび隆盛期を迎えようとしている。

今回の二日間にわたる取材では、シニア・パートナーのピーター・ディクソンをはじめ、グラフィックデザイン部門の責任者であるアレックス・ド・ジャノジー、ウェブデザインのディレクションをするエリオット・フィリップス、さらにはリテールアイデンティティーが専門のシニアパートナーであるジェリー・カイパーの四人に業務についての説明を個別に受けた。歯切れよくシャープな説明、絶妙な間の取り方、よく練られたプレゼン資料……ど

リッピンコット＆マーギュリーズが近年手がけた仕事。2か月半という超タイトスケジュールで仕上げたシェブロン・テキサコの新アイデンティティー・ガイドライン。奇しくも30年前にリッピンコット＆マーギュリーズが手がけたシェブロンのワードマークに再び手を加えることとなった。実質的にはシェブロンがテキサコを買収する形で、シェブロン側のロゴタイプが活かされたという

Chapter 02

リッピンコット＆マーギュリーズ

Lippincott & Margulies @ New York

史上最大規模の合併と言われたエクソンとモービル、二大石油メジャーのブランド資産をつなげた新アイデンティティー。「ワードマークは往々にして多くを語り過ぎ、デザインし過ぎになりがち」と、パートナーのアレックス・ド・ジャノジーは指摘する。この案件ではオーソドックスなヘルベチカ系の書体を踏襲し、スペーシングを調整するにとどめた。結果的には可読性に優れ、かつ力強いイメージづくりに成功している

のパートナーもじつにプレゼン上手なのに驚かされる。

また彼らが提唱するブランド戦略とデザイン戦略は実にシンプルで分かりやすい。結局のところ、企業経営者はデザインが好きだから発注するわけではなく、その投資はいつ回収できるのかという一点が関心事だ。デザインは感性的な側面をもつものだが、コンサルティングの立場としては費用対効果について可能なかぎり明快に答えなければならない。

クリエイターの指針となるブランド戦略

このように書くと、つい、システマチックでドライなデザインをしていると思いがちだ。だが、制作の現場ではその逆で、プリミティブな発想をとても大切にしている。

ピーター・ディクソンによると、総勢六十名の社員のうち、パートナーと名が付くエグゼクティブたちが二十二人を占める。彼らと専任スタッフ数名とが戦略やリサーチをおもに受け持つ。制作スタッフはグラフィック、ウェブ、建築などおよそ三十名にのぼる。戦略についてはデザイナーも積極的にかかわるという。

ニューヨーク・マンハッタンに構える同社のオフィスは、ビルのワンフロアを戦略・調査部門とパートナーらが占め、階下のもうワンフロアにはクリエイティブチームが集結している。

デザイナーたちの机を仕切るパーティションには、おびただしい数の制作中の出力物が貼ってあった。それらにまじって手描きのアイデアスケッチも多い。聞けば建築も手描きから始めるという。

「このスケッチこそ大切なんだ。ブランド戦略の図式と一緒に完成まで壁に貼っているよ」と、ピーターは語る。デザイナーたちはブランド戦略と常に照らし合わせながら、アイデアを発展させてゆく。

戦略の部分はビジネスの領域に属すると同時に、デザインの方向性を決める上でとても大切な指針だ。どの方向にアイデアを発展させていくのか、デザイナーと顧客との共通認識となっている。デザインだけ提供していると思っているクリエイターも、実はアイデアを練る段階でブランドチックな視点から発想しているわけで、その部分を顧客と共有するのが戦略&デザインコンサルタントの仕事なのである。だから、名刺のデザインひとつでも「これはブランド上の決定事項です」と堂々と主張し、顧客も納得しているのだと痛感した。

金融業のシティバンクと保険業のトラベラーズとの大型合併により2000年4月からスタートしたシティグループ。航空会社との提携等も含め数十種類ものカードをめまぐるしく制作・改訂する必要があり、パッケージデザインのような忙しさだという。写真はアメリカン航空と提携したシティバンクカード。半透明の素材を用い、ISOの国際基準も満たしている

日産が世界規模で再構築したリテールアイデンティティー。赤いゲートは日本の鳥居がモチーフになっている。日本人のDNAとは何かという長いディスカッションの末にたどりついたという。このプロジェクトでは、リサーチ、デザインディベロップメント、モデル制作、消費者受容テスト、ファイナルデザインまで約6か月を要した。最終段階では、日産本社の会議室に仮オフィスを設けて最終調整をした

ニューヨーク・マンハッタン、パークアベニューにオフィスを構える同社の周辺には、高級百貨店のブルーミングデイルや、金融のJPモルガン、投資情報のブルームバーグなどがならぶビジネスの一等地だ

同社シニア・パートナーのピーター・ディクソン（左）と、パートナーのアレックス・ド・ジャノジー

Chapter 02

リッピンコット＆マーギュリーズ（現・リッピンコット マーサー） 建築家のウォルター・マーギュリーズと、工業デザイナーのゴードン・リッピンコットの2人によって1945年に創設されたデザインコンサルティング会社。コカ・コーラ、ゼロックス、アメックスなど大手のCI開発に多数の実績を残す。92年より、財務コンサルティングと保険ブローカー業務のマーシュ・マクレナン・グループの傘下になった。スタッフは総勢60名。大型企業合併（M&A）のブランド構築を手がけるなど存在感の大きさにくらべ、実際は少数精鋭集団という印象を受けた。

Lippincott & Margulies @ New York

Chapter 02

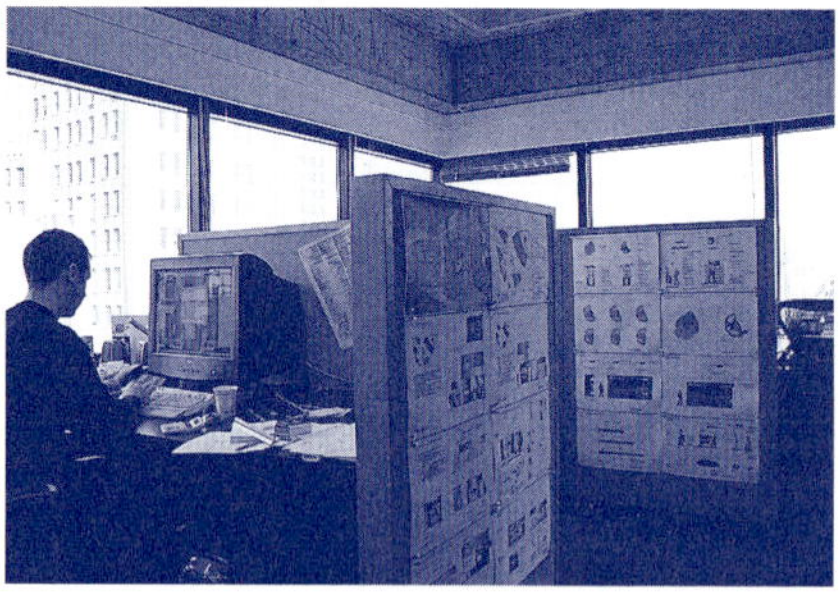

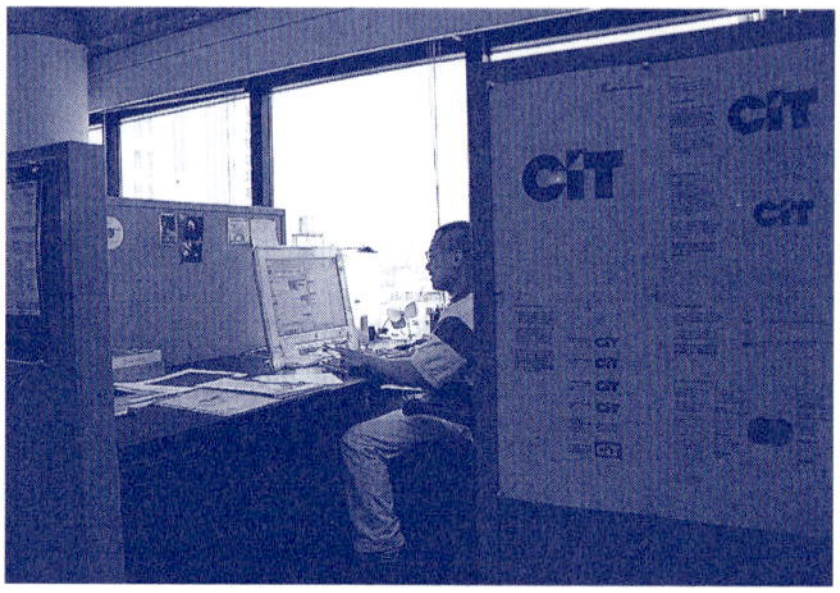

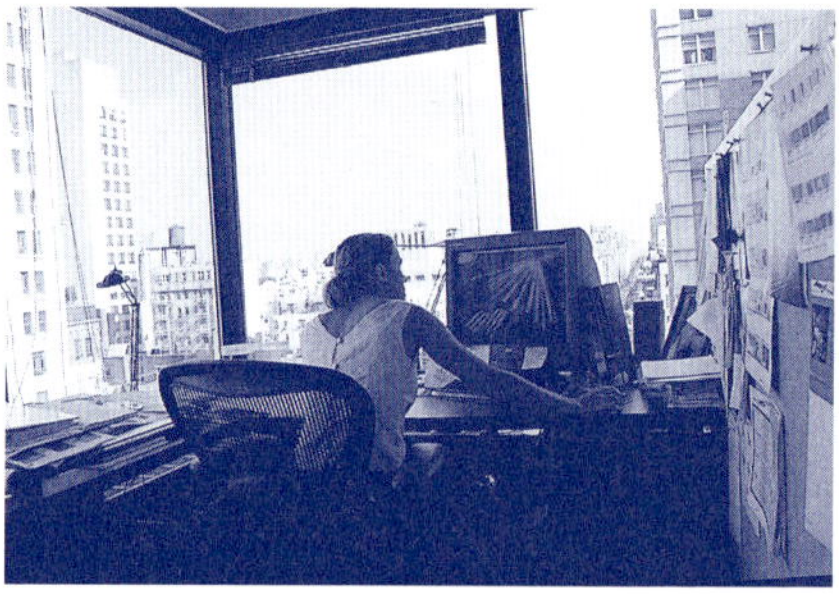

ビル・カーン

Bill Cahan @ San Francisco

Chapter 03

今や米国内だけでおよそ5万社が制作し、ざっと25億ドル市場といわれるアニュアルリポート*。
そんな中、あらゆるデザイン賞を総なめにする活躍ぶりによって、
全米でもっともよく知られるアニュアルリポートのクリエイターがビル・カーンだ。
企業価値を適切に表し、手に取る人を引き付けてやまないその作品は、
意外にも地道な作業に支えられていた。
アニュリポ制作に王道なし。そう言い切る彼の発想力についてインタビューした。

*アニュアルリポート・・・企業の経営状況や運営方針などをまとめた年次報告書。

GERON 97

シリコンバレーを本拠地とする遺伝子医療技術会社、ジェロンのアニュアルリポート。この事例では、従業員を登場させたいというオーダーが最初にクライアント側から提出された。カーン&アソシエイツは、白衣やシャーレを持った研究員をフィーチャーするお決まりのパターンを覆し、従業員の家族写真をビジュアルに用いた。実在した過去の人々の歴史をたどり、本人や家族がいかにガンや心臓病と向き合ってきたかを誌面で再現。病気を克服するために同社が新しい技術で応えようとしている姿勢へとつなげている。このアニュアルリポート発行後、同社には共感の手紙が多数寄せられた

ビル・カーン

Bill Cahan @ San Francisco

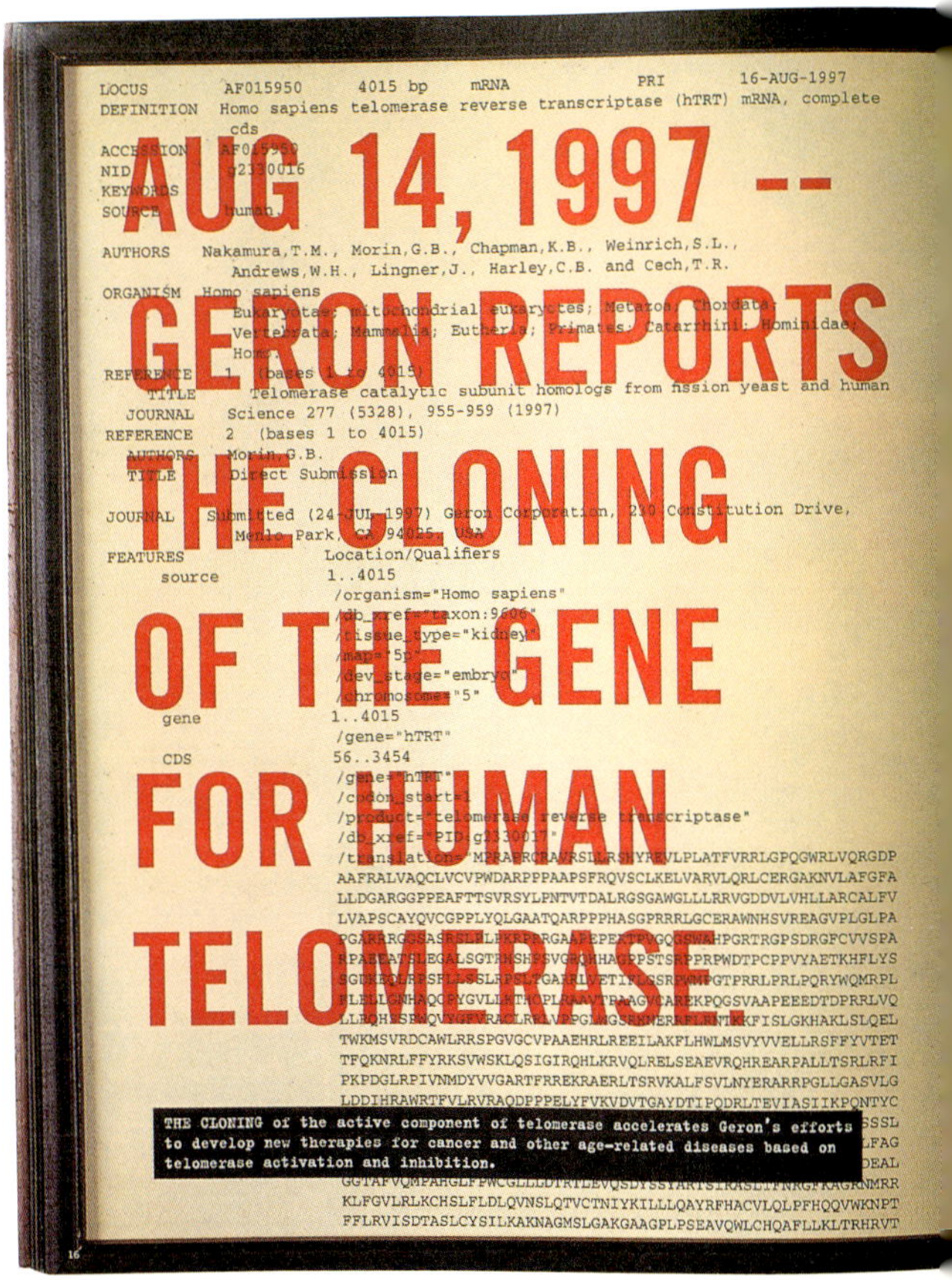
LOCUS AF015950 4015 bp mRNA PRI 16-AUG-1997
DEFINITION Homo sapiens telomerase reverse transcriptase (hTRT) mRNA, complete cds
AUTHORS Nakamura,T.M., Morin,G.B., Chapman,K.B., Weinrich,S.L., Andrews,W.H., Lingner,J., Harley,C.B. and Cech,T.R.
ORGANISM Homo sapiens
TITLE Telomerase catalytic subunit homologs from fission yeast and human
JOURNAL Science 277 (5328), 955-959 (1997)
REFERENCE 2 (bases 1 to 4015)
FEATURES Location/Qualifiers
source 1..4015
/organism="Homo sapiens"
gene 1..4015
/gene="hTRT"
CDS 56..3454
AUG 14, 1997 -- GERON REPORTS THE CLONING OF THE GENE FOR HUMAN TELOMERASE.
THE CLONING of the active component of telomerase accelerates Geron's efforts to develop new therapies for cancer and other age-related diseases based on telomerase activation and inhibition.
16

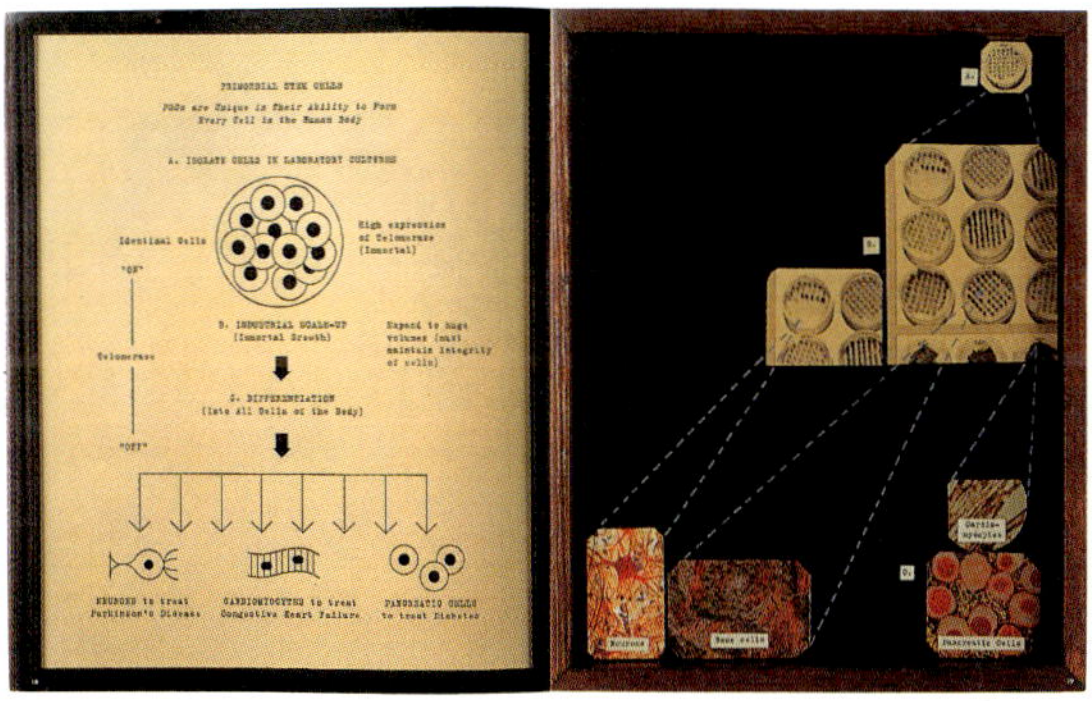

アニュアルリポートのデザインは
膨大な資料の山から
宝石を見つける作業

Bill Cahan @ San Francisco

ビル・カーン

90パーセントは企業研究に費やす

投資家への情報開示が義務付けられている米国では、アニュアルリポート（企業の年次報告書）は企業にとって必須のコミュニケーションツールだ。財務内容を公表する刊行物として、すでに一九三〇年代から営々と発行されてきた歴史がある。が、どちらかというと情報優先で、あまりクリエイターの創作意欲をかき立てるものではなかった。

しかし、一九九〇年代の半ばから、ひとりの男によって事態は変わってくる。どんなに粗末なデザインでもお決まりの図表を並べれば用をなす代物が、ビル・カーンの手にかかると、がぜん精彩を帯びてくる。財務内容はもちろんのこと、市場での位置付け、経営者のビジョンなどを、見る者に圧倒的なパワーで語りかけてくるのだ。その作品は時として大胆、かつ、実験的であり、よく顧客が承諾したものだという別の疑問すらわいてくる。

「企業のことを知れば知るほど、顧客はデザインに対して寛容になってくれる」と、カーンは語り始めた。企業の担当者は、彼らのビジネスモデルや、市場での位置付け、市場の将来性といった背景をデザイナーたちがきちんと把握していることを知ると、安心する。任せるに足るパートナーだと認識するというのだ。

だが、常に十分な情報が提供されるとは限らない。むしろほとんどの場合、ろくな資料すら手に入らないのが実情だ。そこで、カーンとそのスタッフは独自に企業研究に着手する。既存のツール類の入手はもちろんのこと、ホー

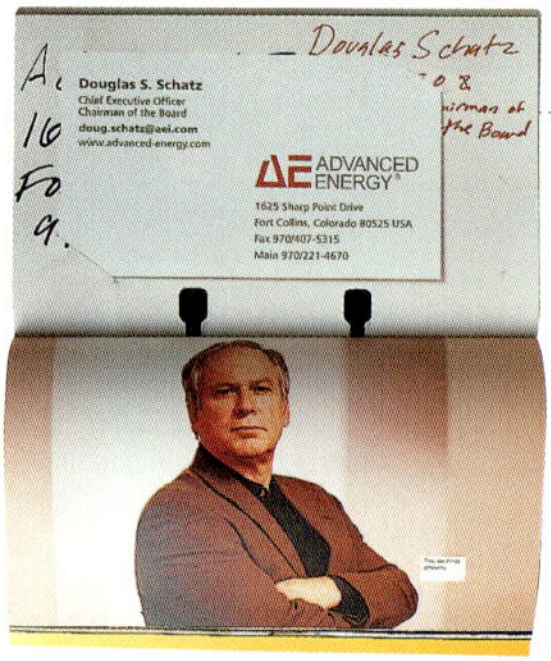

SILICON VALLEY BANCSHARES

シリコンバレーバンクシェアーズ社は、ベンチャー企業への融資を実行する銀行を傘下に持つ。同社のアニュアルリポートは、起業家たちのポートレートと名刺の拡大写真が各見開きで展開されている。中には走り書きのロロデックス（ロータリー式カードファイル）もある。「アイデアが企業を育てるのではない。人が育てる。何を知っているかということと同様、誰を知っているかが成功のカギだ」というメッセージを前面に打ち出し、同社を媒介として起業家精神を持った人々の大きなネットワークが形づくられている様子を描写している

Bill Cahan @ San Francisco

GARTNER GROUP
2000

情報技術コンサルティングの大手ガートナーのアニュアルリポート。同社は世界のトップ企業にコンサルティングと技術アドバイスを行っている。当初、具体例を提示して業界への影響力を前面に打ち出す案を進めていた。だが、顧客からは一向に資料が上がってこない。なぜ、情報が得られないのか、ビル・カーンらはヒアリングの過程で、ある事実に気が付いた。それは守秘義務に抵触する可能性があるため、情報提供を渋っていたのだ。そこでこの事実をコンセプトとして用いることにした。つまり“Don't ask!”。コンサルタントらの顔は黒ベタでマスキングされ、顧客リストはすべて塗りつぶされている。その全貌を見せて語るよりも、秘密兵器としてのガートナーの存在感を際立たせている

ムページに公開された情報、新聞や雑誌の切り抜き、図書館や書店で専門書に当たるなど、精力的なリサーチに時間を費やす。

「平均するとひとつの仕事の約九〇パーセントは、調査に割いている」という。それを裏付けるかのように、カーン&アソシエイツの資料棚には情報技術、バイオテクノロジーなどの専門書がぎっしり詰まっていた。しかも特筆すべき点は、ふつう書庫ないし資料室は薄暗い隅っこに追いやられているものだが、カーンのオフィスでは、南向きの大きな窓に面した、フロアのほぼ中心に陣取っている。その配置を見るだけでも、彼らが調査をどれほど重視しているかが手に取るように分かる。

手がかりは「人間性」と「ストーリー性」

では、こうして集めた膨大な資料から、どうやって斬新なコンセプトを抽出するのだろうか。彼らは作品の核となるアイデアを言い表わす際に、カーネルという言葉を好んで使う。カーネルとはOSなどの基幹設計部分を指す用語だ。膨大な資料からカーネルを見つけ出すことは、まるで干し草の山から一本の針を探し出すような作業だという。

カーン&アソシエイツのシニアデザイナーであるゲイリー・ウィリアムズはデザイン学校を卒業してすぐに同社に入社した。そしていきなりアニュアルリポートの仕事を任されることになった。投資家からの手紙の束、パンフレット類、白書など、見たこともない大量の資料を前にして、ゲイリーは途方に暮れた。

そこでカーンのところに行き、「ライターからのヘッドラインはもらえないんでしょうか?」とたずねた。するとカーンは、そんなものはないという。何が重要かを探り、形にすることがデザインだ。その方法は学校では教えてくれない、自分で考えるんだと言われた。

膨大かつ難解な資料からカーネルを探し出す手がかりは、「人間性」と「ストーリー性」だとカーンは言う。シリコンバレーに近いため、顧客は先端技術系の企業が多い。専門用語に翻弄されながらも、資料を読みといていけば、その技術が人間同士の関係をどう豊かにしてくれるのかというストーリーがおぼろげながら見えてくるという。

カーン&アソシエイツのユニークな点の一つは、担当するデザイナーが時としてコピーを書くことだ。カーネルらしきものを言葉にしてみるのだ。カーン自身、言葉を非常に重視しており、コピーはデザインと不可分のコンテンツだと認識している。したがって多くの場合、デザイナーはコンテンツ・プラットホームというクリエイティブ概要を文書にまとめる。それをもとに最終的にコピーライターの手にゆだねられることもあるし、デザイナー自らが仕上げる場合もある。カーン&アソシエイツでは「デザイン先行」というやり方は基本的にない。まず言葉ありきといえる。

LINEAR TECHNOLOGY 2000

文庫本サイズの小冊子2種類がワンセットとなった、リネアテクノロジー社のアニュアルリポート。1冊はカラフルなアニュアルリポート、もう1冊は同じ内容を「0、1」の2進数だけで表現したモノクロの本である。ビル・カーンによると「モノクロのほうは捨てても構わない」と冗談めかしていた。リネアはデジタルデバイスの開発で業績を伸ばしてきたが、戦略製品としてアナログデバイスを開発した。「どんなにすぐれたデジタル技術も、アナログ技術を通して翻訳しなければ人間には無意味だ」という同社CEOのメッセージを大胆に具現化している

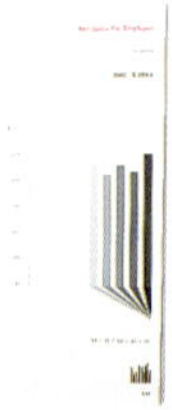

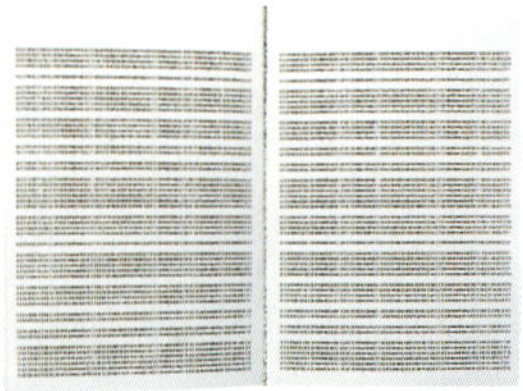

VALENTIS
1999

バイオテクノロジーのベンチャー企業であるヴァレンティス社は、アニュアルリポートの制作時間と予算に大きな制約があった。カーン&アソシエイツは、サイズを文庫本ほどの大きさにし、メッセージを大きく配することによって、同社の強みとポジショニングを明示した。ヴァレンティス社に限らず、ビル・カーンはこれまで制約に捉われない自由なサイズのアニュアルリポートを制作してきた。だが、それらにはすべて理由があると断言する。この場合は、判型を意図的に小さくすることで、メッセージやシンボルの存在感をより強く印象づけることに成功しているといえる

デザインのロールシャッハテスト

アニュアルリポートは一方で、時間との戦いでもある。プレゼンが一発で決まればよいが、拒否されればもう後がない。そこでカーン&アソシエイツでは常に三人以上のデザイナーが一つの案件にかかわり、それぞれ独自案を出すようにしている。案といってもフルカンプに近い、きわめて完成度の高いものだという。

カーンはかつて駆け出しの頃、顧客から「今まで見たこともない斬新なデザイン案を出してくれ」と言われた。精魂注いで会心作を提案したところ「いったいこりゃ何だ!」と一蹴された。斬新さの認識があまりにもかけ離れていたのである。

そうしたいくつもの苦い経験を踏まえ、今ではビジュアル・ロールシャッハ・テストというものを事前に実施する。これは、決定権のある人、つまり顧客の経営者にいろいろなアニュアルリポートを見せ、その印象を聞くという作業だ。これによって、顧客がどんな物差しを持っているのかを探る。

このように、アニュリポ制作において名声をほしいままにしているかに見えるカーン&アソシエイツだが、実は、制作過程に地道な努力が潜んでいたのだ。意外なようだがアメリカの経営者たちは、さほどデザインに関心があるわけではない。デザインがよいからという理由で指名されることはまずないと、カーンは断言する。誰よりも企業を知り抜く姿勢が評価されているのである。

その点、日本はグラフィックデザインが社会的に敬意を払われており、うらやましいと、カーンはしきりに語っていた。果たしてそれが正しいかどうかは分からないが、彼らの情報を掘り下げる姿勢は、日本でも大きな効果を発揮することはまちがいない。

レンガづくりのロフトの3、4階を吹き抜けにしたビル・カーンの事務所のロビー

MAXYGEN 2000

分子交配をコア技術に持つバイオ企業、マキシジェン社のアニュアルリポート。先端技術を語る場合、どうしても説明が難解かつ多くなりがちだ。そこで、1830年代に記されたダーウィンの『ビーグル号航海記』に同社の軌跡をなぞらえ、発見誌の体裁をとったアニュアルリポートを提案。同社の技術が現代における進化論であるという位置付けに成功している。120ページにわたりビクトリア時代の植物スケッチに似せたイラストを配し、用紙もクラシカルな風合いのものが選ばれている

Bill Cahan @ San Francisco

サンフランシスコ・ジャイアンツのホームグランドにほど近い、セカンド通りにある事務所

ビル・カーン

Chapter 03

ビル・カーン　スタンフォード大学建築学科卒業後、建築事務所勤務を経て1984年、カーン&アソシエイツ設立。1990年代からアニュアルリポートの制作を専門に手がけ、通算2000回以上もの賞を受賞。グラフィックデザイナーとして初めてCNNニュースにゲスト出演するなど、現在、全米でもっとも注目されるクリエイターの1人。サンフランシスコのほか、ニューヨーク事務所も新たに開設した。スタッフは26人、うちグラフィックデザイナーは7名。

[上]デザイナーの机がある上階。
[下]ミーティングルームはボタンーつでプレゼン機器が現れる仕組みになっている

ステファン・サグマイスター

Stefan Sagmeister @ New York

Chapter 04

大物ミュージシャンのＣＤジャケットを数多く手がけ、
通算４回もグラミー賞にノミネートされた経歴をもつ気鋭のアートディレクター、
ステファン・サグマイスター。尻出しポスターで物議を醸し、
事務所開設カードにはヌードで登場するなど、やんちゃぶりを遺憾なく発揮する。
だが、その姿勢は、ともすればルーチンに流れがちな日常にあって、
デザインが本来持つ自由さ、楽しさを私たちに思い起こさせてくれる。
エッジの利いた作品を次々と世に問うサグマイスターだが、
多くの人がかつてデザイン学校で習い、
忘れかけていたような、当たり前すぎる基本を今も毎日実行しているクリエイターだった。

2001年に出版された『Sagmeister, Made You Look』代表作ほか、彼の1日をコミック風に紹介している章があり、「ロゴを大きくしろ」「背景を画像処理しろ」など入稿間際になってクライアントにいじり倒され、妙に共感してしまうシーンが登場する

Chapter 04

ステファン・サグマイスター

Stefan Sagmeister @ New York

ニューヨークで事務所を開いて最初の仕事は、自分の名刺のデザインだった。ストライプの入ったプラスチックカバーを引き出すと、住所を記した文字が現れる

『Sagmeister, Made You Look』は、装丁にもトリックがしかけられている。赤い透明ケースから本を引き出すと犬が凶暴になり、本を曲げると小口に文字と骨の絵が浮かび上がる

何かを
伝えるための
トリック

Stefan Sagmeister @ New York

ステファン・サグマイスター

歴史を変えた四つのお尻

一九九一年の秋、香港のデザイン界をゆるがす事件が起こった。あろうことか四人の清朝風のクーリーが尻をまくっているポスターが、老舗ホテルのロビーや、街頭にぺたぺたと貼られたのだ。

殖財にかけては大抵のことに鷹揚な香港人だが、ことお下劣な描写は儒教精神が許さないという土地柄。4A's（香港の広告デザイン団体）の作品募集ポスター（七九頁上）は、そんな保守性にまさしく尻をまくるポスターだった。『サウスチャイナモーニングポスト』紙曰く「いったいどこの〝ケツ野郎〟がつくったんだ?」。

その男が今、私たちの目の前に座っている。ステファン・サグマイスター、どちらかというと、理性的な印象の長身のアートディレクターである。場所はニューヨーク。グリニッジビレッジにほど近い、西十四丁目にあるオフィス兼住まいのアパートメントである。

「デザインにとっていちばん大切なのはコンテンツそのものだと思う。でも、それを人々に伝えるためにはトリックが必要なんだ」と、サグマイスターは語る。件のポスターは、彼が香港の広告制作会社レオ・バーネットのデザイナー時代に手がけたポスターである。トリックとしかけ、コツ、もちろん、いたずらという意味もある。何かを伝えるためには人の心をつかむアイデアが必要なのだ、とサグマイスターは言うのだ。

このポスターを例にとれば、主催者の4A'sが「四つの尻（4 Ass）」というふうに聞こえたので、そこからアイデアをふくらませていった。ラフスケッ

1997年から2000年にかけては大物ミュージシャンのCDデザインを数多く手がけた。74頁の作品集より、ローリング・ストーンズの「Bridges to Babylon」［上］とパット・メセニーの「Imaginary Day」。ミック・ジャガーやパット・メセニーに会ったときの様子が手書きで記されている

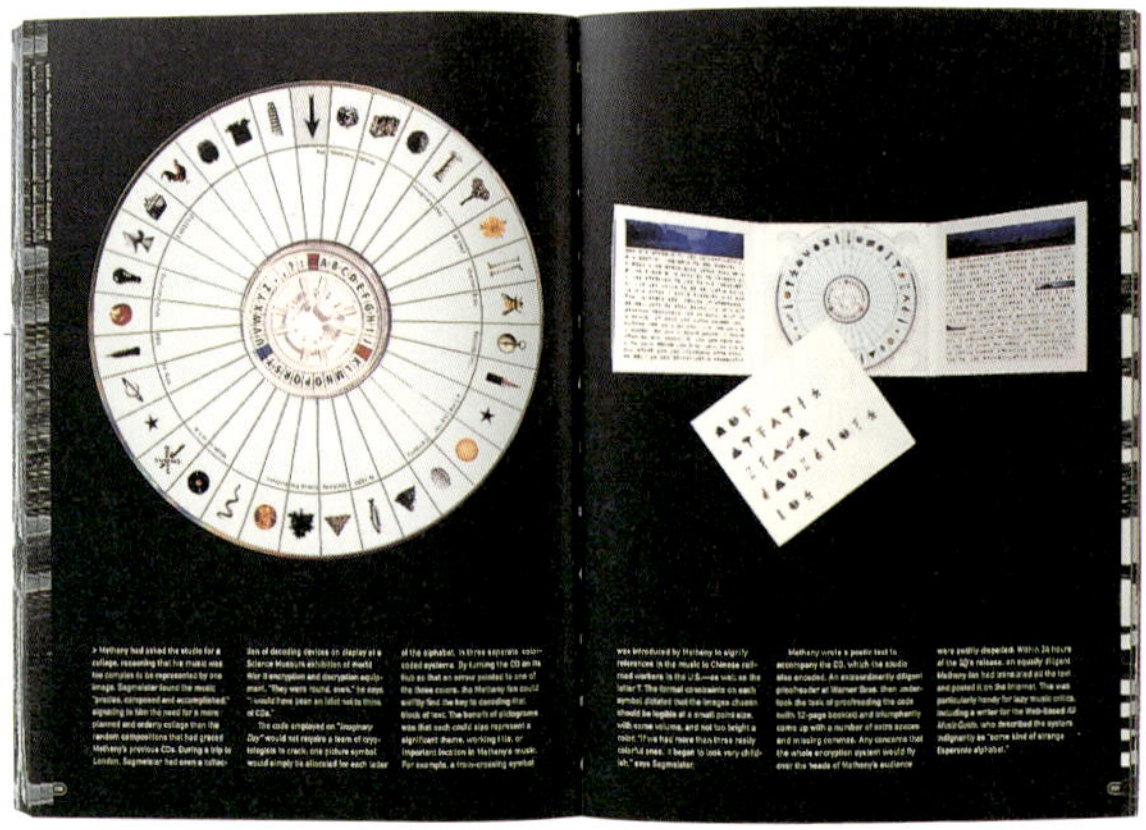

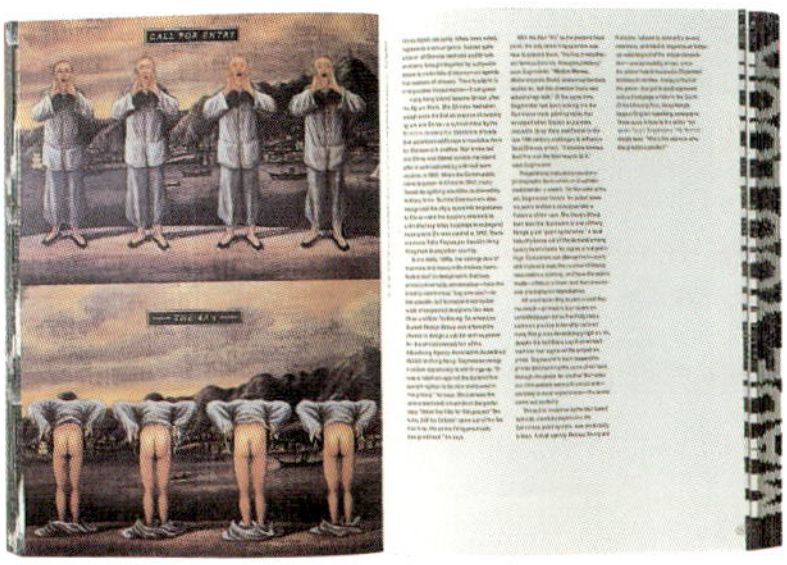

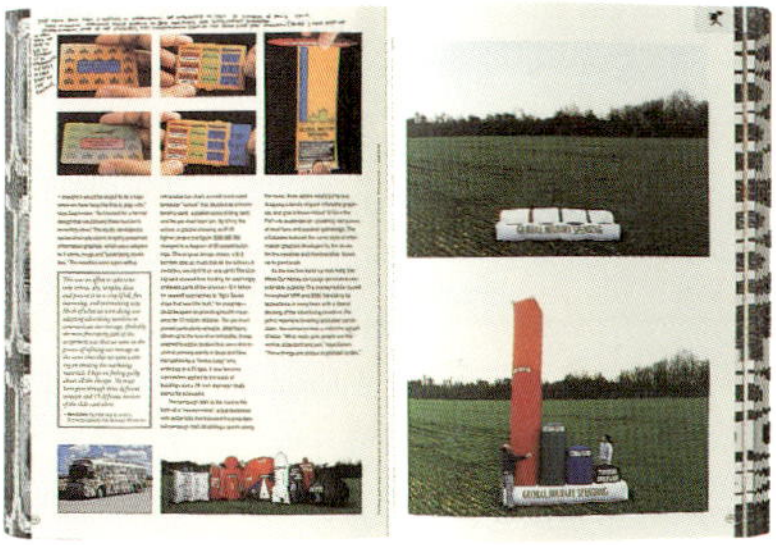

[右上]香港の4A,s（Advertising Agency Association Accredited）ポスター。
[左上]ルー・リードのCDジャケット「Twilight Reeling」。
[下2点]軍事予算の削減を目指した「Move Our Money」キャンペーン。
（以上『Sagmeister,Made You Look』より）

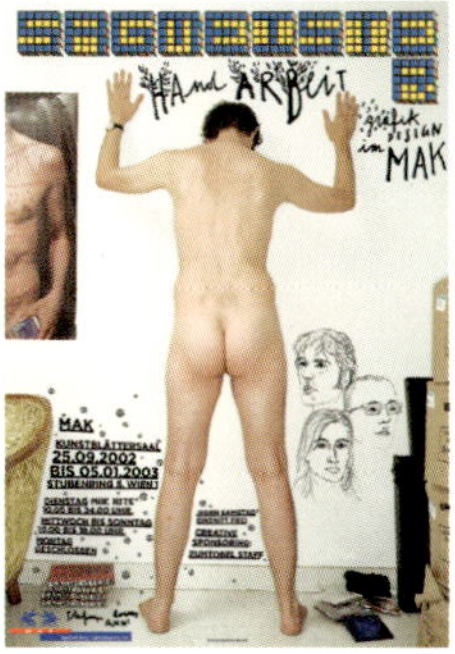

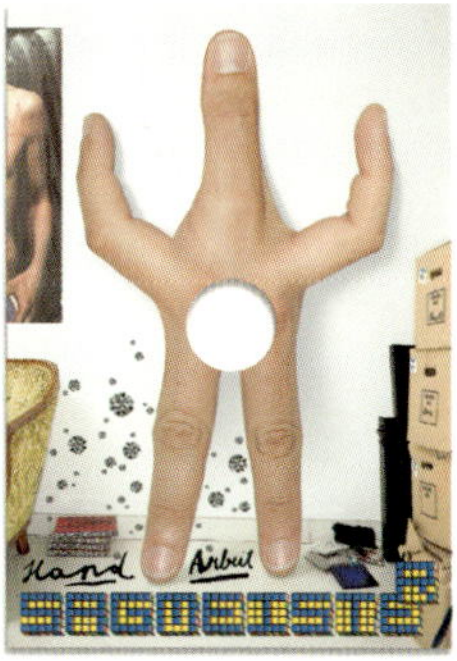

2002年、ウィーンの応用美術館（MAK）で初めて個展を開催した際のポスター。初日に1000人以上が詰めかけ、入場制限するほどの盛況だった

チ段階ではマリリン・モンローやダビデ像など〝歴史的な〟お尻を四つ並べる案を考えていた。だが、すべてにお上品を好む香港デザイン界に一石を投じるためには、中国文化に関連したものがいいと考えた。そこで、十九世紀に流行した英国油絵風のレトロな表現で仕上げたのがこのポスターである。

案の定、このポスターは公開と同時に非難が相次ぎ、競合の大手広告代理店からはボイコット運動も起きる始末だった。だが、レオ・バーネットも屈せずサグマイスターを支持した。そして、物議を醸したことによって、結果的には例年よりも二十五%も応募数が増えたという。

デザインは忘れ、最初は聴くだけ

一九九三年、もともと出稼ぎ気分で居着いた香港に別れを告げ、サグマイスターはニューヨークへ戻った。そのきっかけはティボール・カルマンからの誘いだった。実験的デザインへの意欲的な取り組みによって名声をほしいままにしていたカルマンのM&Co.は、当時、ニューヨークのデザイン学校で学ぶ誰もが働きたい人気ナンバーワンのスタジオだった。だが、M&Co.に入ってほどなく、次の転機は訪れた。カルマンは創刊したばかりのベネトンのPR誌『カラーズ』のディレクションに専念するため、スタジオをたたんでローマに移住するという。そこで、サグマイスターはいよいよ独立の機会と決心し、一九九三年、マンハッタンで旗揚げした。

独立開業当初、彼は音楽関係のデザインにフォーカスした。カルマンの元でＹＭＯの「Technodon」を手がけたこともあったが、これといって当てがあるわけでもなかった。そんななか、いい営業役をつとめてくれたのが名刺（七五頁）だった。縞模様の透明カバーをスライドさせると、彼の事務所名と住所が現れる、ちょっとしたトリックが楽しめるものだ。

「こいつは面白いジャケットをつくってくれるかもしれない、と思ってくれたんだろうね」と、サグマイスターは回想する。

　彼のデザインしたＣＤがぽつりぽつりとタワーレコードやボーダーズブックスに並ぶようになったある日、伝説のロッカー、ルー・リードが訪ねてきた。手渡されたデモテープを聴き、そして音楽の感想を率直に述べた。「最初の打ち合わせではデザインの話はしない。まず曲を聴いて、音楽家が何を表現しようとしているのかを語り合う」。曲を聴いた時点で気に入らなかったり、すぐにデザインの注文を出してくるミュージシャンは仕事を断ることにしているという。その点、ルー・リードはデザインに関しては一言も口にしなかった。新作ではこれまでの暗いイメージを脱して、ポジティブな面を出したいんだとだけ伝え、帰っていったという。

　そうしてでき上がったのが、「Twilight Reeling」（七九頁）だった。その後、ルー・リードの「Ecstasy」、ローリング・ストーンズの「Bridges to Babylon」など、次々と話題作を手がけていった。

NYのファッションデザイナーAnni Kuanの秋冬コレクションの招待状。午年にちなんだビジュアルと一緒に新作を配した。安く、早く、という条件を受け、プラスチックの馬は8セントで買い、くしゃくしゃにした紙は4秒で仕上げた

有名写真家の著作権フリー写真シリーズ『F-Stop』の装丁。厚手の手のひらサイズの本は、どの面からもわかるようにロボットや人形などの頭をデザインしている。本を開くと、まるで頭の中をのぞいているような感じだ

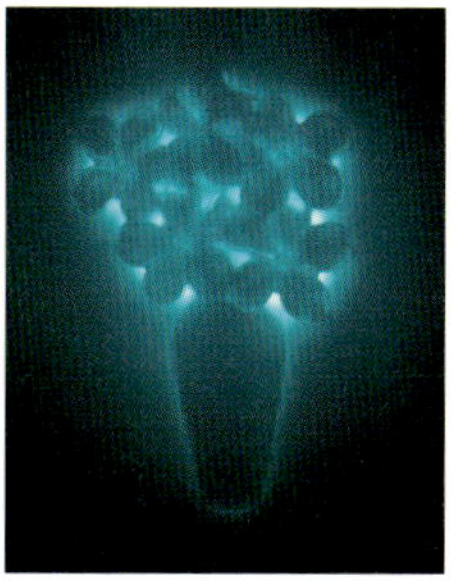

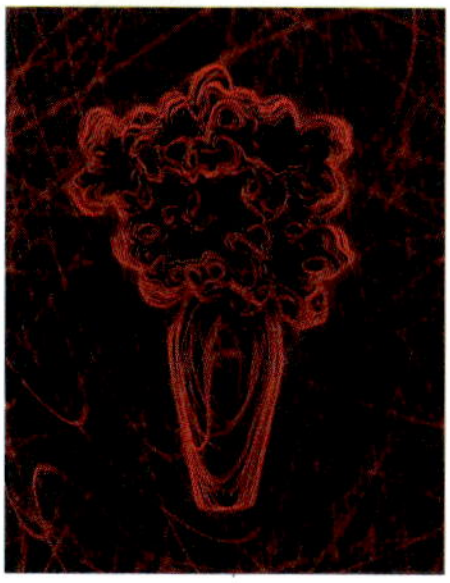

照明器具メーカー、Zumtobel社のアニュアルリポートのビジュアル。光を扱う会社らしく、ひとつの花瓶のオブジェに違った角度から光を当て、さまざまな表情を見せている

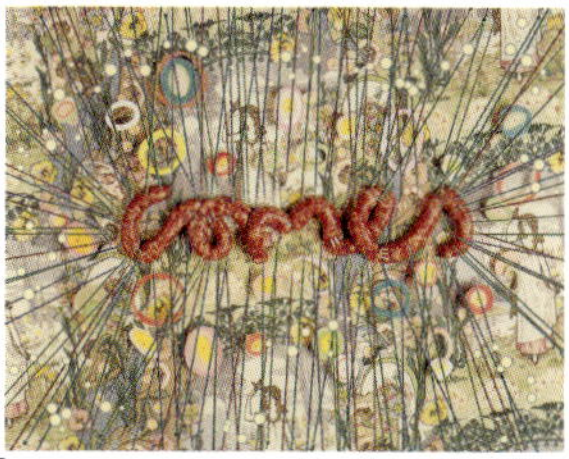

オーストリアの雑誌扉用ビジュアル。「Everything / I do / always / comes / back / to me.」というメッセージを6枚の見開きに展開。背景や素材は、雑貨店、衣料卸店など、チャイナタウンをはじめとするニューヨーク中の知り合いを回ってかき集めてきた

スケッチブックを持ってニューヨークの雑踏へ

さまざまなトリックを駆使するサグマイスターだが、そのアイデアの源泉はどこにあるのだろう。「子供のための博物館によく出かける」という彼。その理由は触れたり、動かしたりする展示が面白いからだという。もともとCDジャケットに興味を抱いたのも、人が手にしてジャケットを開いたり、ライナーノーツをめくったりする行為が介在し、インタラクティブなトリックがしかけられるのがひとつの理由だったそうだ。実際、パット・メセニーのCD「Imaginary Day」（七八頁）は、ロンドン科学博物館で目にした暗号解析装置がヒントになっている。

そんな彼がいつも持ち歩いているものが手帳サイズのスケッチブックだ。毎朝、街角の名もないコーヒーショップに立ち寄っては、アイデアを走り書きするのが日課になっている。ニューヨークの雑踏に身を置きながら、有象無象のアイデアを描き記す。それこそが、あの、人々の目を釘付けにするトリックへと変わる。

音楽とは別にここ数年、新境地を築いているものが反戦キャンペーンだ。アイスクリームでおなじみのベン&ジェリーの創設者ベン・コーエンとの出会いがきっかけだった。特定の政治や思想に偏ることなく、素直に軍縮を訴える姿勢に共感し、一九九八年からずっとコーエンらのキャンペーンに参加している。といってもまじめ一筋な表現では人々に伝わらない。たとえば、冷戦終結後もいかに米国の軍事費が突出しているかというグラフを、巨大なエアクッションで表現したり、子供たちにF-22戦闘機一機で学校が二十校も建つという事実をスライド式のカードで表現したり（七九頁）、相変わらずトリックの冴えを見せている。

今後もジャンルにしばられず、自分が共感したものを手がけていきたいと語るサグマイスター。「でき上がったものよりも、そこに至る過程が大事。自身でプロセスを楽しめれば、かならず見る人にもそれが伝わる」という。その姿勢は、ともすれば忘れがちなデザインする行為の自由さ、楽しさを再認識させてくれる。

アドビ社主催の学生向けデザイン展公募ポスター。「入選作をつくるにはカフェインがいる」というアイデアをもとに、2500個の紙コップを並べた。撮影は知り合いの建築家に頼み、天井の高さが10m以上のスタジオを探してもらった。写真家のZane Whiteは「恐怖の撮影だ」とあきれたとのこと

シカゴの若手ポップグループ、OK　GOのCDジャケット。その洗練された音を車にたとえるなら、80年代の角張ったボルボがぴったりだったという

サグマイスターのオフィス

スケッチブックのアイデアを描き写したノート。いつでも思い出せるよう、忘れないうちに細かく転記しておく

Chapter 04

ステファン・サグマイスター　オーストリア出身。ウィーン応用芸術大学でグラフィックデザインを学んだ後、フルブライト奨学生としてニューヨーク・プラット・インスティテュートで修学。1991年、香港レオ・バーネット、1993年ニューヨークM&Co.を経て、Sagmeister Inc.設立。ビッグアーティストの音楽CDのデザインを数多く手がけ、過去4回グラミー賞にノミネートされているほか、東京TDCをはじめ数々の国際的なデザイン賞を受賞。スタッフは、デザイナー1名とインターン1名の3人のみ。最小オペレーションでありながら、常に新しい人の出入りがあるよう心がけているという。

Stefan Sagmeister @ New York

サマタメーソン

SamataMason @ Chicago

Chapter 05

AIGAをはじめ、米国のおもだったデザイン展にかならずといっていいほど
顔を出すサマタメーソン。
プリント媒体、ウェブ、テレビCMなど、その領域は幅広い。
常にデザインの世界の中心に位置する彼らだが、
大きな存在感とは裏腹に仕事の環境はその逆だ。
なぜ、小さな町の小さなデザイン会社が、全米を舞台に活躍し、高い評価を得ているのか。
その独自の制作環境と営業スタイルを探ってみた。

『SamataMason 2002年作品集』より、米国五大製紙会社のひとつアップルトンペーパー社のアニュアルリポート。紙は各製紙会社間でほとんど品質に差がなく、平均化している。だが、サマタメーソンはそこに “fun” “Little risky” というパーソナリティーを表現し、差異化を図ろうとした

サマタメーソン

SamataMason @ Chicago

右頁の作品集より、チキータバナナの総合プロモーション。1999年にイメージキャラクターの改訂を手がけて以来、同社のグローバル企業としてのイメージづくりを担当している

1万社の
顧客リスト

Samata Mason @ Chicago

サマタメーソン

シカゴから高速道路を北西へ約二時間。ダンディーの中心街には、映画のセットのような建物がひっそりと寄り添っていた。町を流れるフォックス川のほとりにサマタメーソンのスタジオはあった。出迎えてくれたグレッグとパット・サマタ両氏によると、かつてその建物は町で唯一のボウリング場だったという。それで屋根が「かまぼこ型」になっているらしい。ここに、スタッフが十四人。カナダのバンクーバーに二人。総勢十六人という規模のデザインスタジオである。

顧客の半分以上は州外

「もっと大所帯でやっているように思われているけれど、本来、デザインの仕事には人数はそれほど必要ないんだ。このスタッフでグラフィックデザインもフィルムも制作しているよ」と、グレッグ・サマタは語る。

グレッグがサマタ&アソシエイツというデザインスタジオをこのダンディーに設立したのは一九七六年。以来、ずっとこの町で営業している。その後アートディレクターのデイブ・メーソンと共同経営を始め、現在の名前になったという。柔らかな外光が降り注ぐフロア、プライバシーを確保した作業スペースを持つ、じつに居心地のいいスタジオだが、どこの町にもある小規模なデザイン事務所とは一線を画しているものがある。それは彼らの顧客リストだ。

生保の老舗プルデンシャル、人材派遣最大手のマンパワー、バナナでおなじみのチキータなど、グローバルな規模で展開している企業が名を連ねてい

『SamataMason 2000年作品集』より。カナダにある金融関連企業［下2点］と印刷会社との仕事［上］を紹介したページ。グレッグ・サマタによると「いまだにこの作品集を見て電話をかけてくる顧客がいる」という

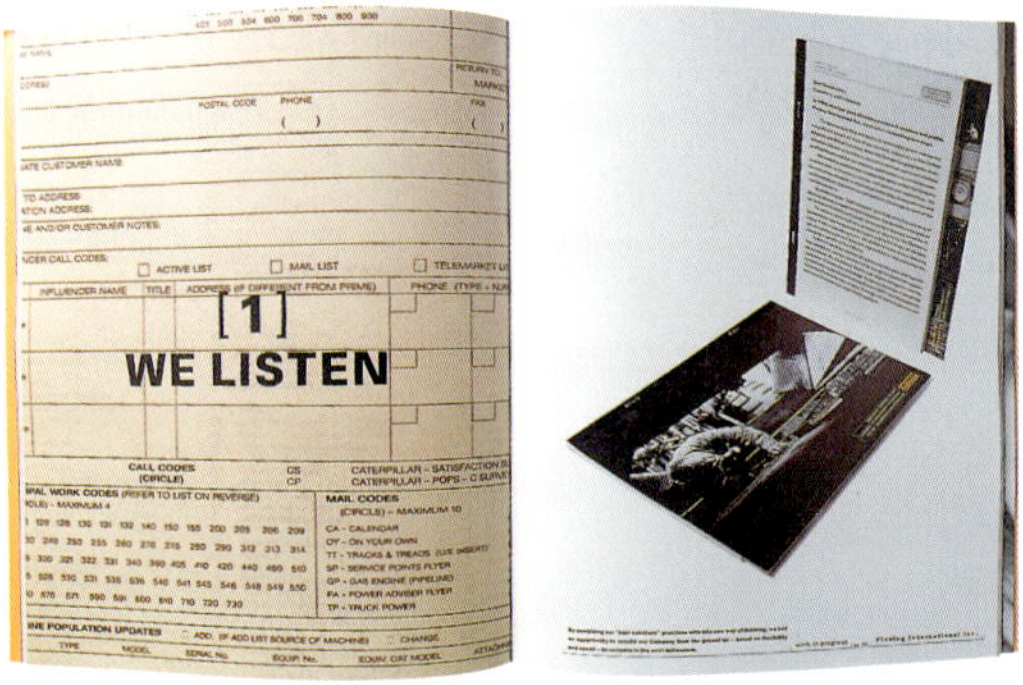

スイスアーミーブランド社のアニュアルリポート。下写真左から、1999、2000、2001年、上写真2点は2001年の中頁。高い知名度を背景に、ナイフや時計のほか、ファッション分野にもブランド拡張を進めている同社。製品のディテール写真のみならず、近年はライフスタイルを描写する写真が目立つ。また特徴あるタイポグラフィでキーワードを並べ、製品の特性をアピールしている

るのだ。グレッグによると、現在、彼らのトップクライアント四十社の所在地は、その過半数がイリノイ州外だという。

いったいどうやってこうした世界的な顧客を開拓していったのか。スタッフは全員何らかの形で制作に参加しており、専任の営業要員はいない。ニューヨークやサンフランシスコの一等地にスタジオを構えていれば、ひょっとして先方からお出ましということも考えられるだろう。だが、ここダンディーはデザインビジネスに限って言うなら、地の利が勝っているとは言いがたい。

独自のマーケティング活動

ひとつ思い当たるのは、サマタメーソンが積極的にデザイン展に作品を応募している点だ。二〇〇三年のおもな入選作だけでも、ＡＩＧＡ３６５、コミュニケーション・アーツ年鑑、ニューヨークＡＤＣなど、八作におよぶ。受賞数は、毎年平均すると八から十二の間だという。だが、これが顧客構築の決め手になっているかというと、答えは否定的だった。

グレッグ・サマタらとの談話に、バンクーバーへ出張中のデイブ・メーソンが電話会議形式で加わってくれた。デイブによると、「賞は諸刃の剣だ」という。作品を客観的に評価してもらうことは、デザインの力量を判断する基準になる。だが、潜在顧客が興味を持ってくれるのは稀で、むしろ引いてしまうというのだ。

賞によるパブリシティー効果よりも、もっと実践的な行動をすることで、彼らは顧客と関係を築いていっている。サマタメーソンでは、全米トップ一万社の顧客リストをデータベース化しているのだ。これをもとに独自にマーケティング活動を展開しており、電話スタッフを四、五人ほど集中的に臨時で雇い入れ、一万社の担当部署と担当者名を毎年更新している。

さらに驚くべきことに、担当者宛に毎年、作品集（九〇～九一頁参照）を送付しているのだ。ハードカバーの立派な装丁で、事例も選りすぐった作品ばかりを掲載しているもの。その後、電話でフォローアップし、興味を持ってくれた企業にグレッグたちがアプローチをかけている。

しっかりとした顧客開拓の方法論を築いているわけだが、企業ならどこでもいいというわけではない。彼らのポリシーをしっかりと伝え、共感できる相手かどうかを見極めることを忘れない。

デイブは「ブランドを築くのは優れた製品やサービスや技術を持つ企業であり、それを使う顧客だ。

辺境だからこそ見えてくるもの

僕らは優れたブランドに顔をつくる手伝いをしているだけ」と語る。良いデザインは中身のある企業と出会ってこそ生まれると、彼らは考える。

また、グレッグは「9・11やエンロン不祥事、イラク戦争という出来事を経て、世の中は企業が発するメッセージに対して懐疑的になっている。もう、昔とは違うんだ。信頼や真心という言葉を使いたかったら、それを証明しな

タッパーウェア社のアニュアルリポート。上写真左から2000年、1999年。「美術館品質」をコンセプトとし、高品質を感じさせる写真を配すことによって、製品の永続的な価値を表現している。また、カバーや中面にトレーシングペーパーを使用し、タッパーウェアの素材感を想起させることに成功している

SamataMason @ Chicago

mexico
In Mexico, Manpower provides large-scale recruiting services for manufacturers like Solectron through the use of creative techniques such as mobile recruitment teams. They travel with vans and portable recruitment stands to find the qualified employees needed to fill the jobs. In 2000, our teams visited 40 villages as far as 55 miles away from the Solectron facilities to find the qualified workers.
power
web site developer

bilingual call center agent

米国最大の人材派遣会社マンパワー社の2001年アニュアルリポート。事務業務だけでなく、今や外科医や生物学者や兵士も派遣する。意外な職種、特殊な職能をあらゆる地域に派遣するというメッセージを、1頁ずつ表現。いかにもサマタメーソンらしい、ワンシングルメッセージに貫かれた作品

くてはいけないのさ」と言う。

　こうした、コーポレートデザインが直面している共通の課題に、サマタメーソンは、独自のポリシーで応えている。

「『ファン&リスキー』をどんな作品にも心がけている。楽しくなきゃ誰も見てくれない」。世界はいま、大変な時期にある。すべてのものを少しだけ明るく示す「ファン」の要素が彼らの一つの軸だ。

　また、「リスキー」とは意外性だという。

「今、企業が掲げるミッションはどこも似たり寄ったりだ。誰かがこっちだと言えばみんなそっちに行ってしまう。そんな時代でも僕らは意外性を出したい」とグレッグは語る。米デザイン界の大御所ポール・ランドは、グレッグにあるときこう言った。「オリジナルである必要はない。ユニークであろうとすれば、それでいい」。だが、ユニークであることすら、今日、難しい。「僕らができることは、せめて自分たちの解釈で事物をとらえ、それをデザインしていくこと」。そのために、調査も戦略もすべて自分たちでやる。それをもとにシンプルで強いイメージを築くよう心がけていると語る。とりわけ、写真使いに定評があるサマタメーソンであるが、全米に散らばっている異能を適宜使い分けている。一つの街ですべてのクリエイティブ力がそろうニューヨークやサンフランシスコと違って、辺境だからこそ全米から才能を選りすぐることができると言えるだろう。

　顧客と直接会って打ち合わせするために全米を飛び回る彼らだが、ときにはスタジオに招く場合もある。この町の雰囲気を楽しみにしている担当者も多いという。デザインスタジオを経営するために、かならずしもマンハッタンに店構えする必要はない。むしろ辺境に身を置いて、全米を、そして世界を俯瞰するやり方だってあると、サマタメーソンは証明してくれる。それは、一極集中の日本でも同じかもしれない。

かつてボウリング場だった面影を残す丸い屋根の建物。正面にはフォックス川が流れ、古き良き中西部の町らしさが残る。「しかし、ここでリラックスしているわけではない。あらゆるものからクリエイティブな刺激を受ける」とグレッグ。また、シカゴの町へ毎週1度はランチに繰り出すという

アップルトンペーパー社のプロモーション用卓上カレンダー。サマタメーソンの従業員をはじめ、写真家、アートディレクターなど、関係者60人あまりの写真を登場させ、上下の組み合わせで顔遊びができる。つねにfun、Little riskyを盛り込むサマタメーソンならではのしかけだ

SamataMason @ Chicago

ガラス張りのミーティングルーム

左からパット・サマタ、グレッグ・サマタ、
デイブ・メーソン（顔写真のみ）、
ケビン・クルーガー

サマタメーソン　創設者のグレッグ・サマタはニューヨーク生まれ、子供の頃、両親の転勤でシカゴに移り住む。1975年、アートディレクターで夫人のパットと共にサマタ&アソシエイツを設立。コンピューターやネットが普及するはるか以前から、シカゴ郊外のダンディーを根拠地に全米のクライアントとやりとりを行っている。1995年、デイブ・メーソンをパートナーに迎え、サマタメーソンとなる。「一般的なネーミングより覚えやすいと思ったんだ。サマタは70年代から知られているしね。ただし、SamataMasonを後ろから読むと“No Samata Mas”（サマタは要らない）になる（笑）」。

POWER-TRAC

ストーン・ヤマシタ・パートナーズ

Stone Yamashita Partners @ San Francisco

Chapter 06

「ビジネスを本気で変革しようと思うなら、彼らに聞け」。
彼らとは、経営コンサルタントのことではない。
デザイン誌のみならず、『ファストカンパニー』や『フォーブス』など、
主要なビジネス界のメディアに紹介されているのが、
サンフランシスコを拠点とするストーン・ヤマシタ・パートナーズだ。
経営戦略とデザインとを融合させた新しいコーポレートデザインを提供し、
今、全米のCEOに最も注目されているブレーン集団だ。

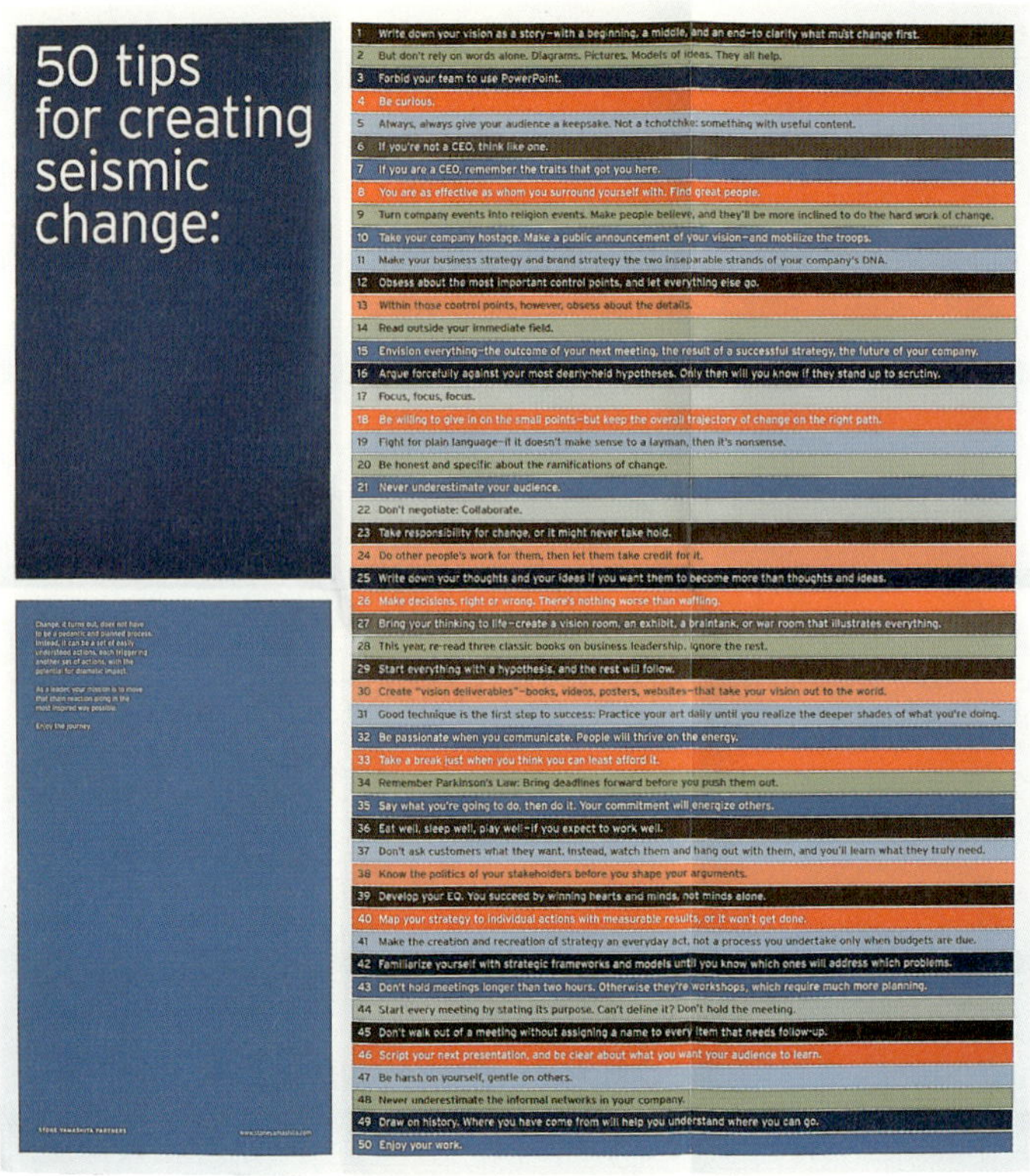

ストーン・ヤマシタ・パートナーズの提供する価値は、ひと言に集約すると「サイズミック・チェンジ（震撼をともなう変化、大変革）」。ポスター大の販促ツールには、「変革への50のコツ」が記されている。そのアプローチはデザイン会社というよりも、コンサルティング会社に近い

ストーン・ヤマシタ・パートナーズ

Stone Yamashita Partners @ San Francisco

［上3点］IBMの社員28万人に発信されたワンボイスブック『Think』マガジン、企業文化フリップブック、e-businessブロシュアなど、企業変革の根幹にかかわる作品が主流を占める。
［下3点］HPのComdex 2000のアイデアウォール、イメージライブラリーなど、成果物としてのデザインもさることながら、変革へのプロセスに真価を発揮するのがストーン・ヤマシタ・パートナーズの特長だ

企業を伸ばすデザイン力

Stone Yamashita Partners @ San Francisco

ストーン・ヤマシタ・パートナーズ

九〇年代なかばの、劇的な復活を遂げつつあったＩＢＭは、その覇権を確実にするために、e-businessを発表した。事実上のＩＴ革命の先駆けとなった、このサービスブランド立ち上げに重要な役割を果たしたのが、ストーン・ヤマシタ・パートナーズ（以下ＳＹＰ）だった。

巨大企業復活の立役者

同じく九〇年代後半、シリコンバレー発祥の地として知られる老舗のＨＰ（ヒューレット・パッカード）は、カーリー・フィオリーナを新ＣＥＯに迎え、新生ＨＰへの変革に着手した。彼女のスピーチライターを務め、さらに総合的なブランド戦略、新規ビジネスの立ち上げなどに参画したのもＳＹＰだった。

このほか、ナイキの売場開発、アップルコンピュータの製品ブランド開発、PBS（全米公共放送網）の再活性化プロジェクトなど、SYPは内外の主要企業や団体の変革にかかわってきた。

従来のデザイン会社の概念を大きく越える価値をもたらしているSYPとはどんな集団なのか。そして、戦略をデザインするとはどういうことなのだろうか。SYPの創設代表のひとり、ロバート・ストーンと、マネージング代表を務めるスーザン・シューマンの二人にインタビューを試みた。

デザインこそ企業戦略だ

SYPは、アートディレクターのロバート・ストーンと、コピーライター兼クリエイティブディレクターのキース・ヤマシタの二人によって、一九九三年に創設された。

「最初は伝統的なデザイン会社だった」と語るストーン。パッケージ、エディトリアル、CIなどをこなす普通のデザイン会社として出発したという。だが、広告会社、PR会社などと密接にかかわりながら仕事をするうちに、経営戦略とデザインとの関係に根本的な疑念がわいてきた。通常、企業戦略は経営コンサルが携わり、企業のトップらによって策定される。それをもとに広告代理店やPR会社、あるいはデザイン会社へと降りてくる。

「デザインの現場に携わる者は、企業戦略を手探りで解釈せねばならず、かといって戦略家たちはデザインについては門外漢であるから、いわば、おま

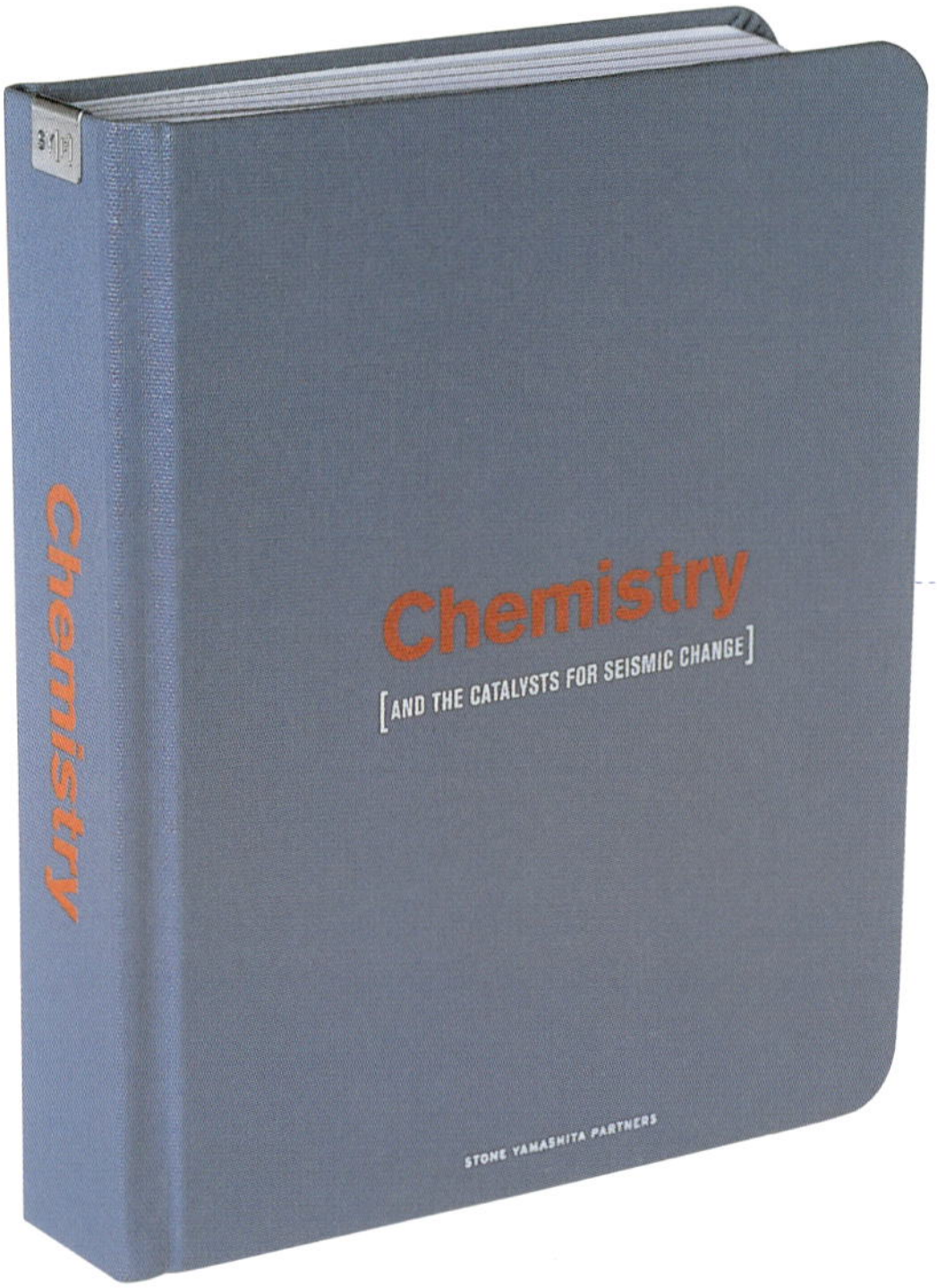

ストーン・ヤマシタ・パートナーズが蓄積したノウハウの集大成『CHEMISTRY』。なんと、社内教育用ツールとして全員に支給している。巻末には代表的なプロジェクトをカードにしたものが装着されており、新規クライアントに配布することもあるという

Stone Yamashita Partners @ San Francisco

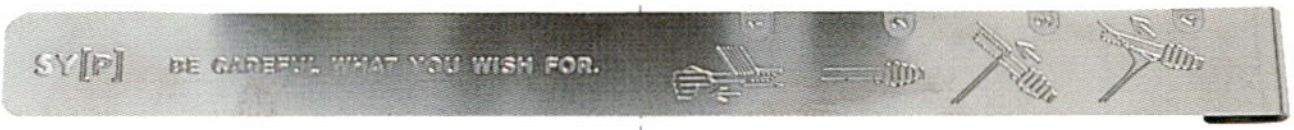

『CHEMISTRY』は全ページ袋とじになっており、背表紙に付いている曲尺（かねじゃく）をペーパーナイフ代わりに使い、中のヒントを読む仕掛けになっている。ストーン、ヤマシタをはじめ、シニアデザイナーやストラテジストらが各章の執筆にあたっており、ブランドとは、コミュニケーションとは、そして戦略的なビジョンとは、といった命題について明快に語っている

かせ状態だった」。つまり、経営戦略とデザインとが分断されていて、両者は左脳と右脳、理性と感性というように、すり合わされることなく対置されていたのだ。

「九〇年代当初は、伝統的な戦略立案とデザインとの溝を橋渡しする役割を果たす者が誰もいなかったんだ」とストーンは言う。いきおい、担当者好みのデザイン、受け狙いの奇抜なデザイン、あるいは無難だが退屈なデザインに落ち着いてしまう。

「ただ美しいだけのデザインでいいのか。クールならそれでいいのか。そうしたことのほかに、われわれはもっともっと調査、インタビューなどを重ねていく方法を選んだ」。つまり、デザイン以前の企業の課題を特定することから彼らは始めた。

こうしたアプローチが通常のデザイン会社とかなり違っていたために、SYPは次第に注目され始めた。その弾みをつけたのが冒頭の一九九六年、IBMのe-business立ち上げ案件だ。当時はカリフォルニアがネット技術で先行していたこともあり、協力を要請された。すでにIBMのブランドブック『THINK』の制作で実績を残していたSYPは、次第に戦略づくりに関与するようになっていた。

e-businessでは、リサーチやインタビュー、エグゼクティブミーティングを精力的に実施。世界二十八万人の従業員に向けてe-businessの戦略やIBMのビジョンをやさしく、明確に語るツールをつくった。これがSYPの現在の姿につながるマイルストーンだとストーンは語る。

ところで昨今、「戦略とデザイン」を掲げるデザイン会社は多い。とくに、大所帯のデザイン会社ほどその傾向が強いし、CIやブランディングの領域では必然的にそうなってくる。だが、SYPはこうした競合他社とどこが違うのだろうか。これについては、興味深い事例がある。

企業のトップと仕事しろ

HPは一九九九年、新しいCEOとともに新しいポジショニングを模索していた。

「われわれの最初の課題は、新生HPのコア戦略を策定することでした」と言うシューマン。まず四十日を要し、エグゼクティブへのインタビューを実施した。HPの資産とは？　市場でどう見られているか？　どう見られたいのか？　中立な部外者の立場を活かし、こうした本音を聞きだしていった。さらに四十日を要して、SYPはビジョンと戦略を策定した。

面白いのは、その成果をもとに、CIの第一人者ポール・ランドーがブランドツール（ロゴ、ガイドラインなど）をつくり、広告代理店の重鎮グッバイ・シルバースタインがマーケティングキャンペーンを担当している点だ。そして、より高い段階での参画を目指したSYPは、経営戦略の分野から顧客企業のビジョンや戦略を策定し、それをランドーなど、他の専門家に渡す立場となった。

「SYPのデザイナーは、すべての段階にかかわるようにしている。純粋に戦略的な作業段階においても、それをデザイナーは正しく理解し、市場とコミュニケーションする必要があるから、最初からプロジェクトに加わる」と

オレンジの表紙の小冊子『SEIS-MIC CHANGE』は顧客教育用。「本当にあなたは変わりたいのか?」というメッセージだ。
重いテーマを、コピーライターらしいウイットの利いた短文で簡潔に示している

Stone Yamashita Partners @ San Francisco

戦略担当者らが机を並べているせいか、その仕事場はクリエイティブな環境でありながら、独特の「考える雰囲気」が共存する。場所はサンフランシスコのダウンタウン。いわゆるデザインオフィス地区の一角に、ビルの2フロアを占めている

共同創設者のアートディレクター、ロバート・ストーン

ストーン・ヤマシタ・パートナーズ　2004年現在、従業員数は約30名。デザイナー6名、コピーライター5名、ストラテジスト6名という編成。各専門家をほぼ同数に保ちつつ、できるだけ少数精鋭を心がけているという。

いうストーン。例えば、ＰＢＳのブランド活性化プロジェクトでは、週末ミーティングを開催することからスタートしている。顧客企業の経営者らと合宿形式で情報を共有し、課題を特定するやり方は、ＳＹＰの仕事の進め方の特長となっている。こうしたプロセスを経て、たんに戦略の提案だけに終わらず、それを実際のデザインコミュニケーションに落とし込むとどうなるかを提案する。

既存の経営コンサルに手詰まり感を覚えていた経営者にとって、戦略とデザインを融合させたＳＹＰは、ＣＲＭ（顧客リレーションマネジメント）の面からも新鮮だ。「ＳＹＰはいい」という評価は、トップからトップへと口コミで伝わり、揺るぎない評価を確立している。デザインは戦略と密接にかかわることによって、顧客企業をさらに伸ばす原動力になることを、ＳＹＰは私たちに示してくれる。

デザインフレーム

Designframe @ New York

Chapter 07

一見、折り畳んだ黄色い段ボールだが、
開けばなんとイスになる「Pause」は、
MoMAのショップでデビューし、
NBCをはじめとするマスコミでもとりあげられた、話題の商品だ。
このユニークな段ボールチェアをつくった
ニューヨークにあるデザインスタジオ、デザインフレームに、
オリジナル商品の誕生と成功までの秘話を取材した。

Pause

Pauseは畳んだ状態で、タテ61×ヨコ46×厚さ2cm。重さは795gだが、組み立てた状態で約136kgの重さに耐えられる。色については当初、いくつかのバリエーションを考えていたが、コスト上の制約から断念。最終的にオレンジと黄色の2案が残ったが、「オレンジは、当たり前すぎる」のと、「黄色は人を招く」という心理的な効果が強く、シンプルな造形を引き立たせ、なおかつスタイリッシュな感じになるということで、黄色のみとなった

デザインフレーム

Designframe @ New York

オリジナル商品はこうしてブレイクした

Designframe @ New York

デザインフレーム

ある日、頼まれもしないのに、すごいアイデアがひらめいてしまった。ひょっとして売れるのでは？デザイナーなら一度や二度はそんな経験がおありだろう。その場合、あなたには三つの選択肢がある。一つは、妄想を振り払い、目の前の仕事に専念する。二つ目は、ラフスケッチを携えてスポンサーを捜し、ロイヤルティー契約を結ぶ。そして三つ目は、オリジナル商品として自分たちで制作し、売り出すというものだ。

素材の知識が、ありふれたものをユニークにする

ニューヨーク・ミッドタウンの十六番街。デザインフレームは、デザイン会社や広告代理店が集まるこの一角で、プロダクトデザイン・コンサルティ

ングを続けて三十年近くになる。

同社のマイケル・マッギンは、段ボールチェアのアイデアを思いついた時、一つの確信があった。「これはきっと売れる。リスクを負ってでも、自分達でやろう！」。その瞬間、ひらめきは、オリジナル商品開発プロジェクトに変わった。

通常、デザイン会社の仕事としては、すでに存在する製品やサービスをいかに魅力的に、インパクトを持って見せるかが重要となる。しかし、デザインフレームは、製品そのもの、時には素材の開発からかかわるのを特徴としている。製紙会社、テキスタイルメーカー、建材メーカーなど、多くの製造会社を顧客に持つ彼らは、紙、生地、プラスチック、スチールなど、さまざまな素材の特性についての知識を培ってきた。製品開発を知り抜いたデザインフレームにとって、オリジナル商品を世に送り出すことは、必然の流れだったともいえる。これまでは対顧客用につくっていたものを、一般消費者向けに視点を変えてみたわけだ。

マイケルは身の回りのありふれたものを、ちょっと違ったものに仕上げてみたいと考えた。そう、例えばイスだ。機能性や耐久性がちゃんとあって、それでいてイスらしくないもの。パーティーやピクニックの席でちょっと自慢できるような、ウィットに富んだもの。手頃な値段で、製造もしやすいもの……アイデアはどんどん膨らんでいった。そしてあることに気付いた。

「木材、プラスチック、スチール製のイスならたくさんあります。そういう素材の知識を持っているメーカーが多いからです」。

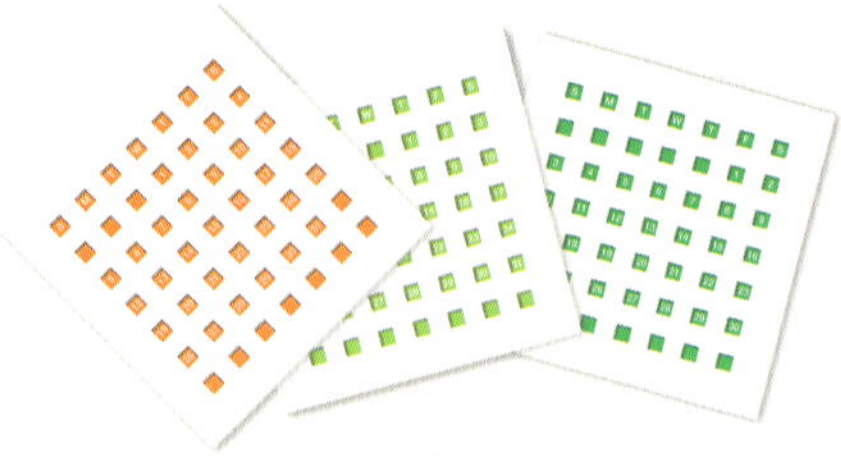

Timeframe

1976年にMoMAで販売されたTimeframe（上）は、今回のPause成功の伏線となる、デザインフレームの記念すべきオリジナル商品第一作。回転させるたびに、日付が印刷された文字板がスライドして、「すべての曜日」を表示できる万年カレンダーだ。その直後に出た改良型デスクトップカレンダー（左）は、15年以上にわたり世界中で販売されているロングセラー商品

wave

「wave」はプラスチックの特性を計算し、独自に開発したバインダー。顧客の建築事務所の依頼を受けて制作したもので、もちろん意匠登録している。なぜ、一般消費者向けに商品化しないのか聞いたところ、「バインダーは日用品だからです」とマイケル。素材やデザインにこだわっても、それに見合うだけの価値を一般の人々に認めてもらうことは困難で、そこそこの品質なら量販店で売られている安い品が求められるからだという

glide-top

上蓋が上にスライドして開くglide-topは、開けやすく、また閉じればきっちりとロックされるのが特長。某メーカー用に開発し、2004年現在、特許出願中のパッケージだ。素材はwaveバインダーと同じ再利用可能なポリプロピレンだが、紙の知識を持つ人は意外に少ない。だったら、紙を使ってイスをつくってみよう！　うまくいけば折り畳みも可能だ。さらに、素材はエコロジーを意識した、百パーセント再生紙の段ボールに決めた。

造形は素材の性質から導き出されるものでもある。もともとシンプルなデザインを身上とするデザインフレームらしく、「Pause」は簡潔な姿に仕上がっている。当初のマイケルのスケッチでは、もっと単純化された線だけでイスが描かれていた。しかし、試作の段階でいくつか修正が加えられ、現在の形になっていった。

体格の大きなアメリカ人が座っても耐えられる十分な強度。野外に持ち歩いて何度も使える耐久性。マイケルらは、紙、型抜、印刷、糊付けなどのあらゆる知識とノウハウを総動員した。同社の日本人デザイナーの秋山和生をはじめ、内外の人々の意見を採り入れながら、満たすべき要件を一つずつクリアしていった。

そうして世界初の折り畳み式段ボールチェア、Pauseが完成した。ネーミングには、生活のシーンにおける「ポーズ（ひと休み）」という意味を込めた。

製品を商品に変えるマジック

オリジナル作品の場合、モノをつくれば終わり、ではない。実はここから先が肝心だ。どうやって売っていくかというマーケティングをすることによって、単なるモノにすぎない「製品」が、買う価値のある「商品」へと変わる。

幸い、この分野に関しても、デザインフレームは貴重なノウハウを蓄えていた。同社が消費者向けの製品を手がけたのは、今回が初めてではない。一九七六年に社長のジム・セバスチャンが、「Timeframe」（一二二頁）という万年カレンダーをつくったことがある。ジムはニューヨーク近代美術館（MoMA）の知り合いに相談。同館のデザインショップで販売し、ヒット商品となったいきさつがある。

Timeframeの成功には、アイデアやデザインが優れていたことはもちろん、もう一つ大事な要因がある。それはMoMAで売ったという事実だ。「買った人はMoMAがセレクトした品なら間違いない、という確信を得たのでしょう」と、ジムは語る。これはマーケティングの世界でエンドースメント効果と呼ばれるものだという。信頼のおけるブランドロゴが刻印されていたり、一流百貨店で扱っていたりすれば、その品質は保証されていると消費者は判断するのだ。

今回のPauseも、プロット段階からMoMAの担当者と親しくやりとりをし、「これなら売ってみたいね」と、太鼓判を押してくれていた。価格も彼らと一緒に考え、最終的に「二十ドルなら売れる」ということで決まった。製造単価から見ても、まあまあの線だ。初回の製造個数は約一万個。もっと多くつくれば単価は安くなるが、投資額が大きくなる。オリジナル商品は小さく始めるのがコツだとジムはいう。

二〇〇三年夏からMoMAで扱うようになったPauseは、その後、着実に販路を拡大していった。といってもやみくもに増やしたのではなく、美術館

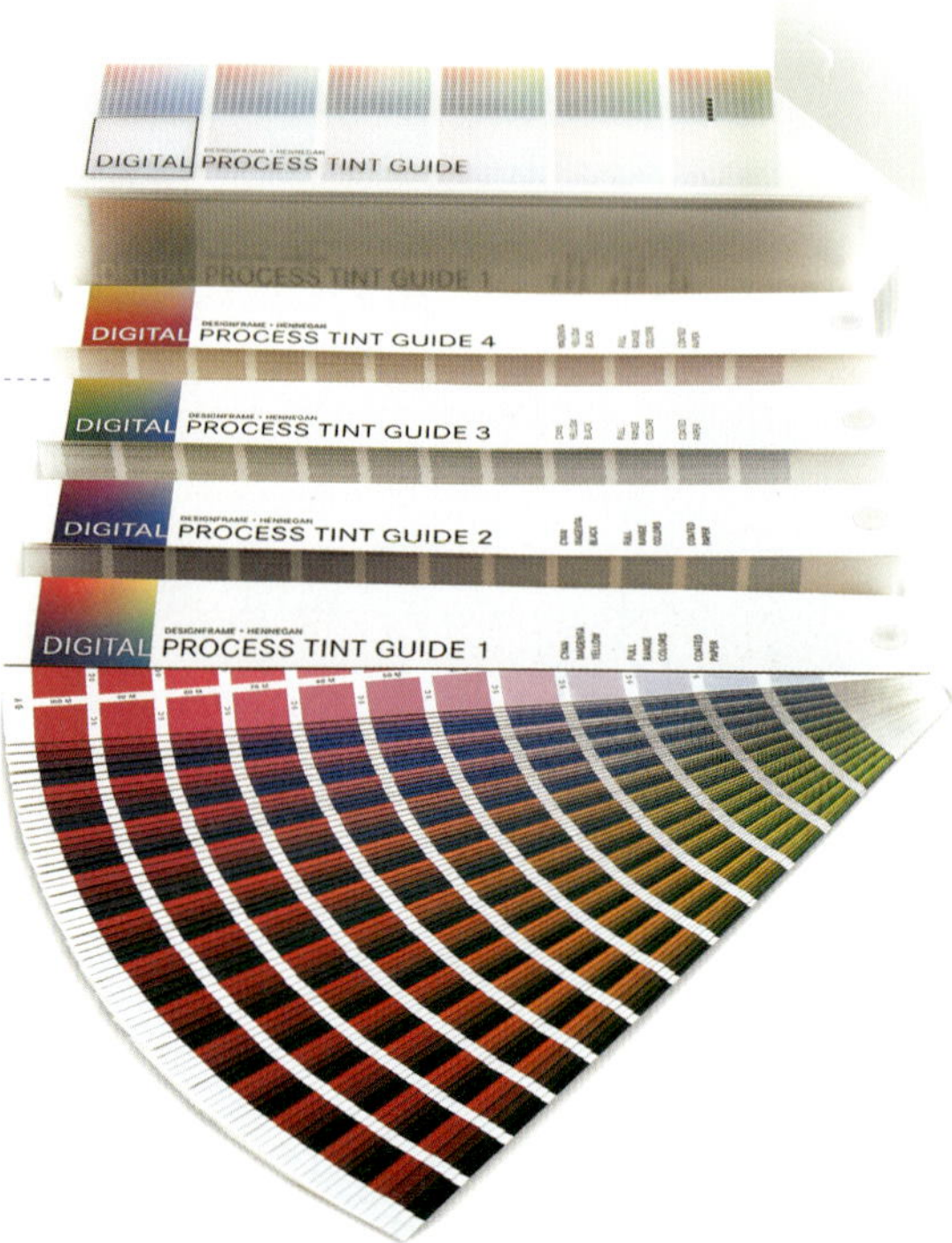

DIGITAL PROCESS TINT GUIDE

モニター、デスクトッププリンター、そしてオフセット印刷の三者間に生じる再現色の違いを克服するために、アメリカの大手美術印刷会社であるHennegan社と共同で開発した色見本帳。社長のジム・セバスチャンが中心となって考案した。アメリカでは、多くのデザイナーらが愛用しているという

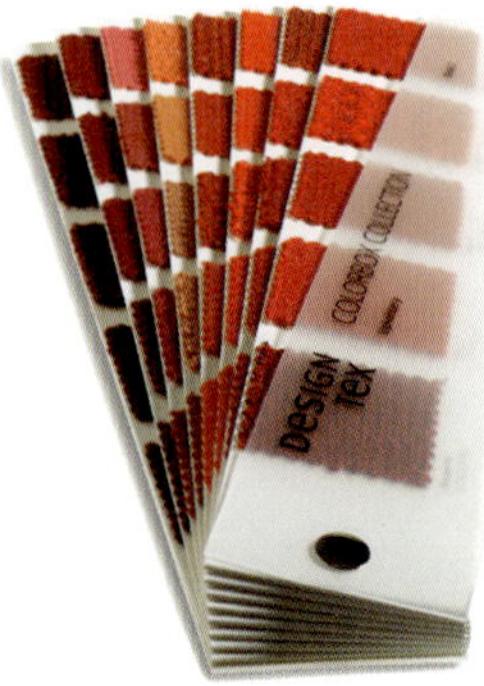

COLORBOX COLLECTION

テキスタイルメーカーのDESIGNTEX社から「機能的かつ美しく」という依頼を受け、開発した生地見本システム。バインダー同様、半透明のポリプロピレンの特性を活かして320種類の生地をコンパクトにまとめ、美的にプレゼンテーションしている

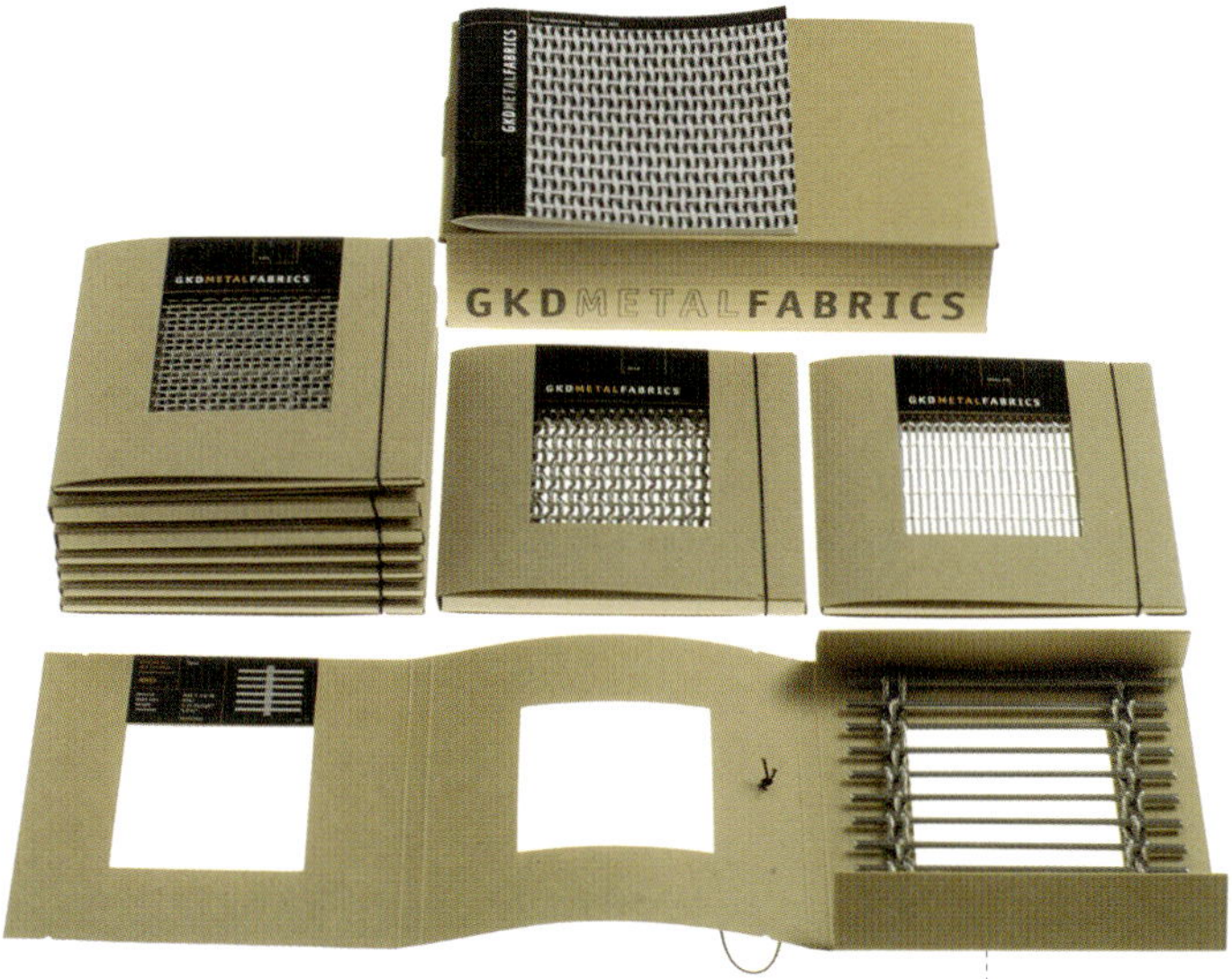

GKD METAL FABRICS

ドイツの建材メーカー、GKDで製造しているサンプル素材の送付用ケース。金属を編んだ厚みが異なる50点ほどの建材サンプルを送るシステムを、限られたコストの範囲内で提案。2種類の厚みの紙ケースと、全種類のラベルをつくり対応した。「メタルファブリック」というネーミングもあわせて提案し、採用された

左から、代表のマイケル・マッギン、デザイナーの秋山和生、社長のジム・セバスチャン

Chapter 07

デザインフレーム　Designframeは約10名の人員で構成されている。プロダクト、グラフィックと分かれてはおらず、全員がどんなプロジェクトもこなす体制をつくっている。ニューヨークのミッドタウンに位置する、アメリカでは中規模のデザインスタジオ。

やデザイン系のミュージアムショップを中心に展開していったのだ。

「デザイン性の高い製品を扱う場合、ディスカウントストアやスーパーなどで売ってはいけません」と、マイケルは語る。なぜなら、製品のパーソナリティーがボヤけてくるからだ。Pauseは日用品ではない。手軽に使えるイスだけれども、スタイリッシュな属性を持って生まれた。その個性にふさわしい販売チャンネルに限定することが大事だという。

そういう意味で、デザイン会社が取り組むオリジナル商品開発は、やはり日用品以外の特別なもの、個性の際立ったものになっていくのだろう。そしてもう一つ考慮すべき重要な点は、本業のプラスになるかどうかということだ。

「Pauseは、私達の発想力やデザイン力の、格好のプロモーション・ツールになりました」と、マイケルとジムは口をそろえる。

オリジナル商品への挑戦、それは、デザイナーの総合力が試されるコンペのようなものかもしれない。

ダフィー

Duffy @ Minneapolis

Chapter 08

CM制作会社と協力しながら
グラフィックデザインの可能性をさらに広げ、
次々と成功を収めているデザイン事務所がある。
米国ミネソタ州に本拠を置くダフィーは、ニューヨーク、シアトルのほか、
ロンドン、シンガポールなど、
少数精鋭ながら地球規模で展開を図るデザイン事務所だ。
創設者でアートディレクターのジョー・ダフィーにそのユニークな
ブランディング手法について聞いた。

THE ISLANDS OF
THE bahamas

バハマは一つの島ではなく、多様性を秘めた諸島だ。ダフィーはこの特徴を視覚化し、それぞれの島のナビゲーター役を果たすユニークなロゴマークをデザインした。上がバハマのロゴ、下14点はそれぞれの島のロゴ

Long Island
San Salvador
The Berry Islands
The Exumas
The Abacos
Mayaguana
Nassau Paradise Island
Acklins Crooked Island
Andros
Bimini
Cat Island
Inagua
Eleuthera Harbour Island
Grand Bahama Island

ダフィー

Duffy @ Minneapolis

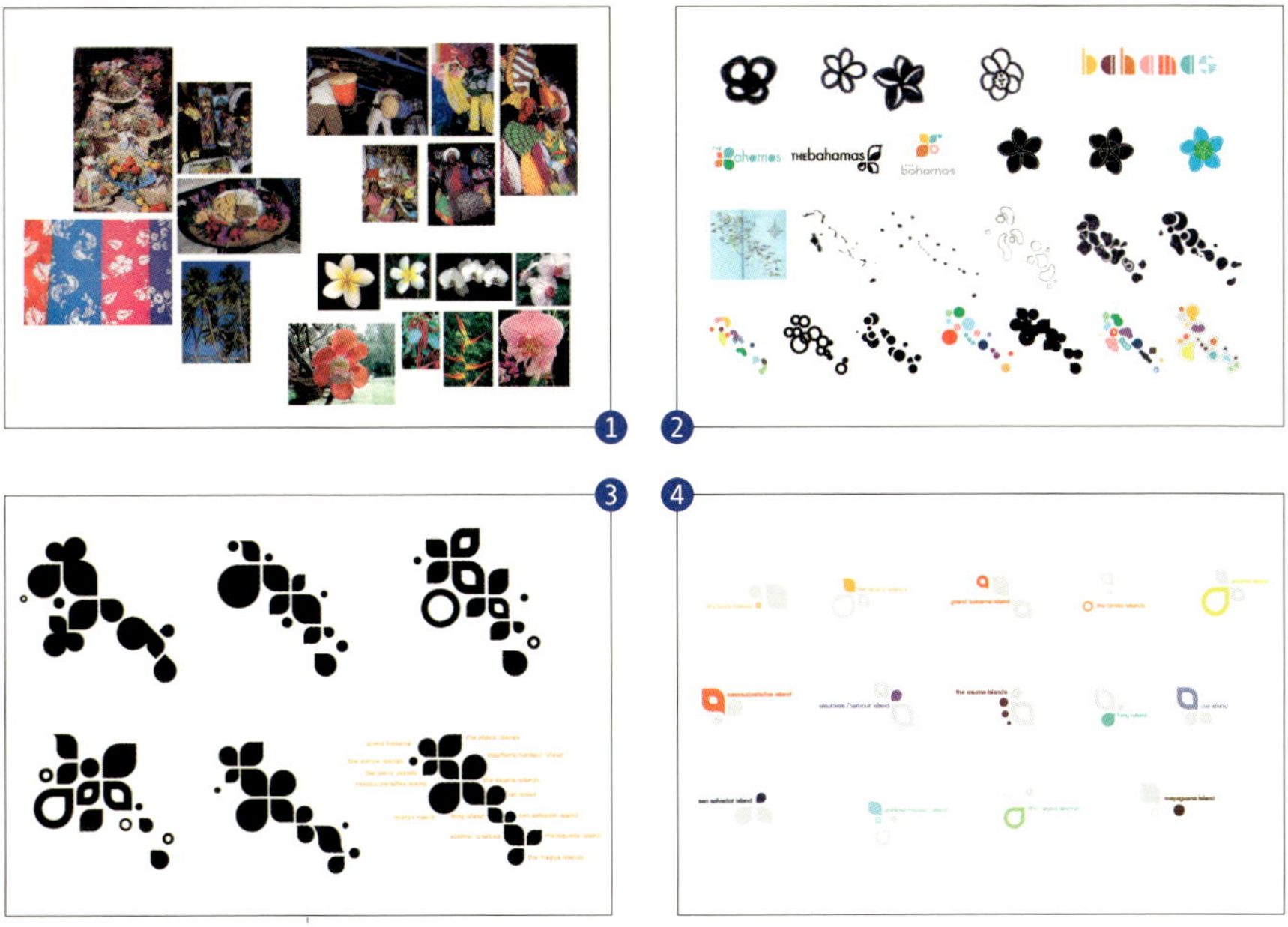

ブランド構築の核となるロゴマークの開発過程を示すパネル。イメージボード❶からアイデアを発展させてゆき、花びらや島々のモチーフをピクトグラム化❷❸。さらに各島固有の色を割り当て、識別できるようにした❹。その結果、従来の控えめなロゴマーク（右上）から、新しく「多彩な魅力を持つカリブ海の諸島」というキーアイデアを形にすることに成功している（右下）

THE ISLANDS OF THE BAHAMAS
It Just Keeps Getting Better

［旧ロゴ］

THE ISLANDS OF
THE bahamas

［新ロゴ］

デザイン力が
実現する
国家ブランディング

Duffy @ Minneapolis

ダフィー

グラフィック主導でCIからCMまで

ミシシッピ川に早くも冬の気配が訪れ始めた二〇〇二年十一月。ミネアポリスのデザイン事務所ダフィーに、南の国からの訪問客があった。相手はバハマ観光省の要人だった。カリブ海に浮かぶバハマは、国の産業の九割を欧米からの旅行客に頼る観光立国だ。だが、このところ伸び悩んでいた。

「私たちはなんとか抜きん出たい」。それが彼らの第一声だった。カリブ海は、たくさんの観光地がひしめく激戦区。豊かな観光資源を持ってはいるが、それをうまく伝えることができない。もちろん、彼らには自分たちが独自の魅力を持っているという自信はあった。しかし、欧米市場に向けた広告を中心とするキャンペーンは、その逆だった。ほかの競合と同じように、ヤシの木、白い砂のビーチ、そしてきれいな海、という、お決まりのパターンに終始していたのだった。

「どうしたら違いを伝えることができるだろうか」という切実な課題に、ダフィーはブランディングで応えた。このところ、こうした事例は東欧やアジアなどを中心として枚挙にいとまがない。国家のブランド価値を高めることは、企業を誘致したり、投資を呼び込んだり、人の交流を盛んにする。道路や港や発電所をつくることに匹敵する大きな経済効果をもたらすのだ。

バハマも、国の行く末をかけた国策として、ブランド戦略に取り組むことになった。しかし、なぜ、ダフィーを選んだのだろう。

「私たちのパートナーの存在が大きいと思います」と、ジョー・ダフィーは

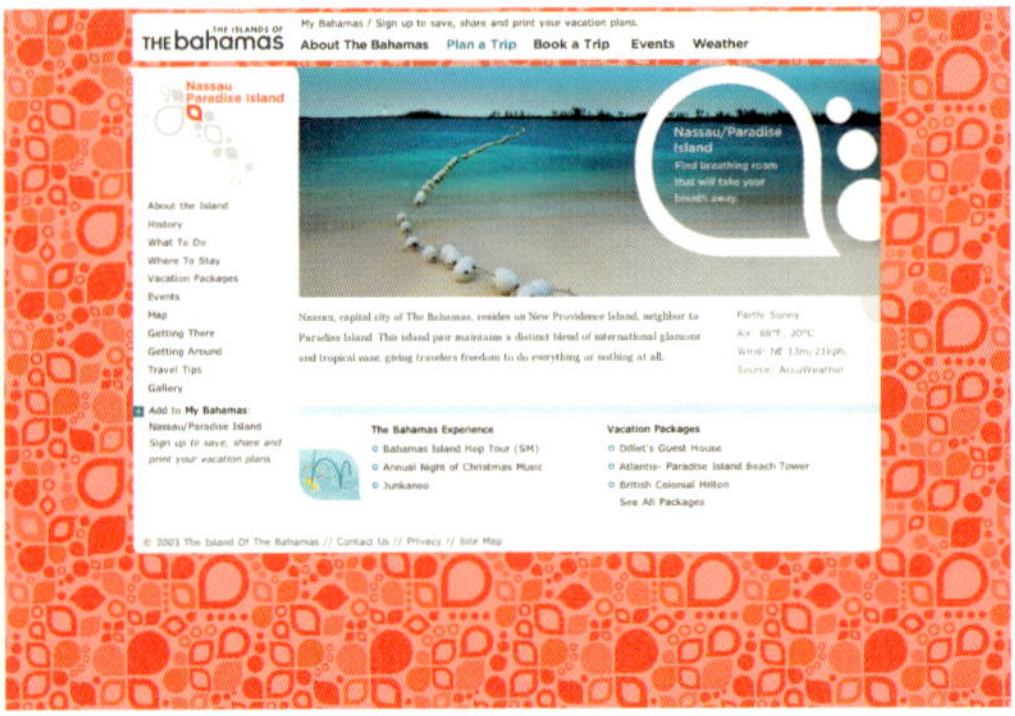

［左3点］バハマのウェブサイト
［上］バナー広告
現代の観光客にとって、ホームページは大きな誘導要因となる。ダフィーは総合的なアイデンティティー・システムをつくり、基本デザイン、タイポグラフィ、写真の雰囲気など、バハマというブランドのトーン&マナーにかかわるすべてを規定。ロゴを構成する花びらのエレメントをポスターをはじめプリント媒体広告などにも適用し、統一したイメージを発信している。www.bahamas.com

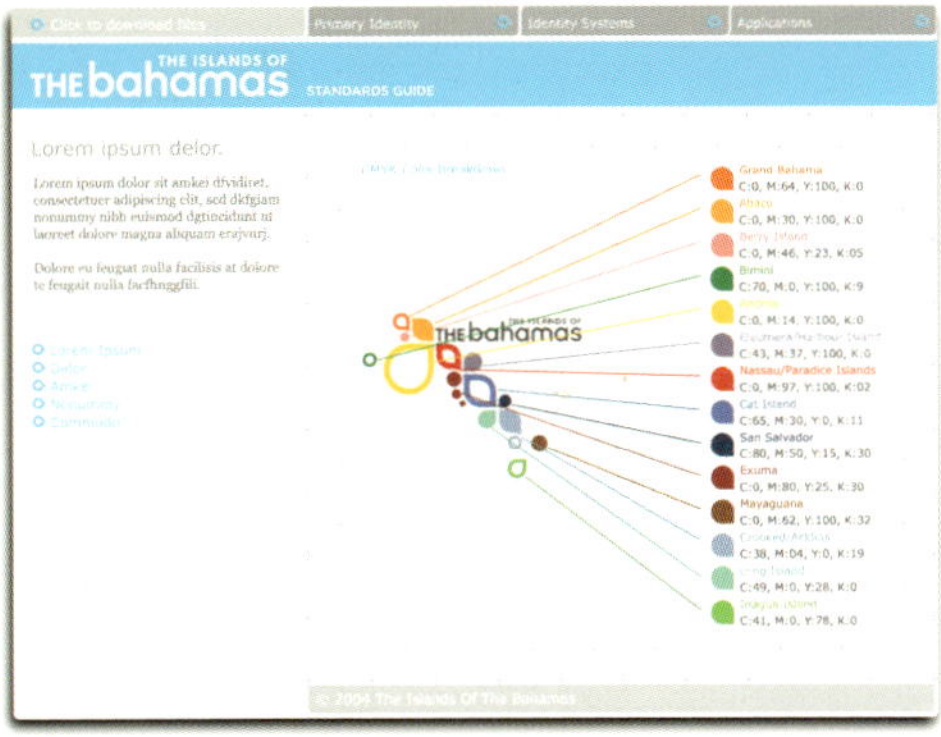

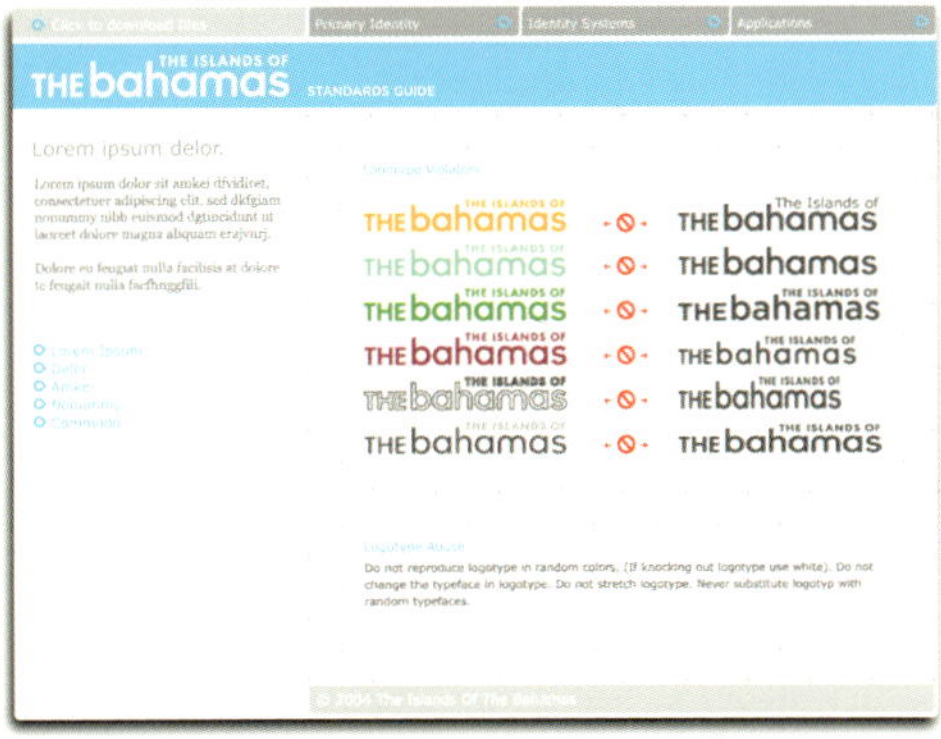

テレビCMは、パートナー会社のファロンが数種類を制作。この「アイランドホッピング」編では、米国人観光客がバハマ諸島を跳躍しながらめぐり、砂浜、自然、そして文化など、さまざまな魅力を満喫していくというストーリーだ

ロゴ、タイポグラフィ、広告フォーマットなどを規定したブランド・スタンダードは、エクストラネットを介して制作会社や印刷会社などがいつでも閲覧できるしくみになっている

答える。同じビルのワンフロア下には、ファロンという広告代理店がある。彼らはCM制作と代理店業務を手がけている。創設者のパット・ファロンと、ジョー・ダフィーとは二十年来のビジネスパートナーだ。

「ファロンと組むことで、CI、パッケージ、サイン、ウェブ、プリント媒体、電波媒体など総合的なデザインを提供できるのです」とダフィーは語る。重要なのは、今日、ほとんどの顧客はブランド構築に際して、デザインだけ、あるいは広告だけでは機能しない、と認識している点だという。パッケージやウェブや広告など多様な顧客接点を重視する傾向がある。そうした要望に応えられるのがダフィーとファロンのチームだと、バハマは判断した。

バハマの場合、まず、アイデンティティーの開発が最優先だった。ここを固めてから、サイン、広告、CMへと展開する計画だ。そこで、三人のグラフィックデザイナー、十人のインタラクティブスタッフ(ウェブなど)という制作陣が充てられた。さらにプロジェクトマネージャー(進行管理・予算)を加えると約二十人。これにファロンからのスタッフも加わり、三十人近くの陣容となった。

「実際に泳ぎに行ってみることにしたんです」と、ダフィー。スタッフが順繰りに、ほぼ二週間おきにバハマへ出向き、その自然、雰囲気、人々の温かさなどを体感した。さらには、バルバドスやジャマイカなど競合する地も踏査した。

こうした一連の調査から、核となる戦略がはっきりしてきた。バハマは孤島ではなく諸島であり、たくさんの様相がある。ほかのカリブ海の島にはな

いその多彩さを、パッケージ化して訴えよう。

戦略を視覚化していく段階では、実際に諸島全体を示すロゴを考えた。それぞれの島は色分けされ、位置関係も分かるものがいい。こうしてロゴは固まっていった。

メッセージでは「いろいろ楽しめる」ことを強調した。例えばウェブ（一三四頁〜）では、ロゴ上のそれぞれの島をクリックすると、何があるかを示すページに飛んで行けるようにした。テレビCM（一三五頁左）では、実際に旅行者がアイランドホッピング、つまり、飛び石を飛ぶように島めぐりを

スターバックスの商品ブランド「ダブルショット」。デザイン案を絞り込んだ段階でモックアップをつくり、6.5オンス缶に貼り付けて検討を重ねた（写真の18点）。そして最終的に決定したのが、このパッケージデザイン（上）

Duffy @ Minneapolis

パッケージダミー（前頁）に至る前の初期アイデアスケッチ。「DoubleShot」という商品名からイメージするグラフィックを挙げて方向性を検討している

体験する映像を制作した。

こうして新ロゴを使ったキャンペーンを開始したのは、最初の打ち合わせからちょうど一年後の二〇〇三年十一月、感謝祭の二週間前だった。雑誌広告やCMが一斉に開始された。二〇〇四年はさらに、絵はがき、バッグ、Tシャツなどのアイテム展開、ガイドブック、インフォメーション・キオスクへと顧客接点を広げてゆく計画だ。

誰もがいつも何かを学べる環境

企業の顧客に対しても、ダフィーは独自の手法をとっている。二〇〇二年夏、ダフィーの元へあのスターバックスがやってきた。彼らは缶コーヒーを売り出そうとしていた。この時の課題は「どうやってこの小さな缶を巨大なスーパーマーケットの売り場で目立たせるか」だった。日本ではおなじみの缶コーヒーだが、米国ではほとんど浸透していなかった。六・五オンス缶という小型サイズ（日本の缶コーヒーとほぼ同じ）も珍しかった。また、既成飲料に関しては、概してまずいのではないかという市場調査結果も挙がっていた。ジョー・ダフィー自らがデザイナーの一人として参画し、プロジェクトチームが結成された。彼らは綿密な調査をもとに、パッケージに盛り込むべき提供価値を三つに絞った。

1・習慣：毎日決まった時に飲むもの。ライフスタイルと結びついたもの。

2・スターバックスブランド：パーソナルで特別な体験を提供してくれる

もの。

3・リフレッシュ：リラックスと同時に元気をもたらすという機能。

これらをもとに、デザイナーは自由にコラージュすることから始めた。そしてスケッチを重ね、ロゴタイプ案、アイコンなどを練り上げた。米国における缶コーヒー市場の戦略顧客は十八歳から三十歳までの男性だ。それを念頭に、大きな文字、温かみのある色、そして、ダブルショットという製品名を強調する方向で、デザインは形になっていった。

ダフィーのグラフィックデザイナーたちの手によって、核となるアイデンティティーがほぼ固まってくると、ファロンのスタッフたちも動きだした。ファロンではキービジュアルをアニメーション化し、「スターバックスが提供するコーヒーワールド」を表現した。そしてＣＭのほか、プリント広告、野外広告、ウェブ制作、配送トラックなどに展開されていった（一四二頁）。

このように、グラフィックデザインの専門家ダフィーと、ＣＭ制作と広告代理店機能に特化したファロンは大きな相乗効果をもたらしている。

「でも、お互い、あくまで独立した存在です。どちらかの事務所のデザイン部門、あるいはＣＭ部門というふうにならないことが、二十年間うまくやってこられた秘訣です」とダフィーは語る。

もう一つダフィーの特色を挙げるとすれば、どんな小さな案件でも常にチームで臨むことだ。米国内の事務所にとどまらず、最近では海外事務所との共同作業でもその方法がとられている。ミネアポリスの一日が終わるころ、シンガポールでは朝を迎え、仕事は引き継がれる。やがてロンドンが動き始

イラストレーションで表現された「DoubleShot」のブランドワールドは、雑誌広告、バナー広告、テレビCMなど、さまざまな顧客接点に展開され、統一のとれた知覚品質を保つことに成功している。[左]「DoubleShot」ポスター

[下3点]「DoubleShot」CM3編（ドラム編、オフィスレイン編、ペイント編）。コーヒー缶を真上から見た形（円形）がだんだん地球の形へと変化していき、その地球上でドラムを演奏したり、ペンキを塗ったりしながら「DoubleShot」を飲んでいる男性にクローズアップした後、再びフェイドアウトして地球、缶の形に戻るというアニメーション

初期のグリッドアイデア（方眼紙に描いたスケッチ）。イメージボードづくり、グラフィックスケッチ、パッケージスケッチといった一連の手描きによるアイデア段階を経て、138頁の適用段階へと進む

ジョー・ダフィー

Chapter 08

ダフィー　グラフィックデザイナーのジョー・ダフィーによって、1984年ミネソタ州ミネアポリスに創立。コカ・コーラ、BMW、ケロッグ、ジム・ビーム、女子ワールドカップなど、グローバルなブランド構築と活性化を手がける。2003年のスタッフは、ミネアポリス本社24人、ロンドン12人、ニューヨーク5人、シンガポール8人。3～4人規模の東京事務所も開設予定。「できるだけ小さなチームで活動したい」と、ジョー・ダフィーは語る。

め、シンガポールから電話会議で案件は託される。そして、ロンドンは夕方、ミネアポリスへとバトンを渡す。こうして開発中のアイデアは眠ることなく、どんどん発展していく。まさにデザインの二十四時間リレーだ。さまざまな文化的背景や多様な視点を持つクリエイターたちがその走者であり、お互いに学ぶものは小さくない。

ブランドを目指すということは、大小にかかわらず世界に通用する存在になるということだ。ダフィーは制作者として自らをこの環境に置き、顧客の要望にきちんと応え続けている。

American Top Designers

フロッグデザイン

Frog Design @ Silicon Valley

Chapter 09

発売初日に5万台の売上を記録し、いまや語り草となったアップルⅡc。
そのプロダクトデザインを手がけたのがフロッグデザインだ。
あれから20年。製品デザインの領域を大きく超えて、
ビジネス全体をデザインする役割へと、フロッグは大きな進化を遂げていた。
妥協せず、停滞せず、斬新なデザインを次々と世に送り出す
その手法を現地取材した。

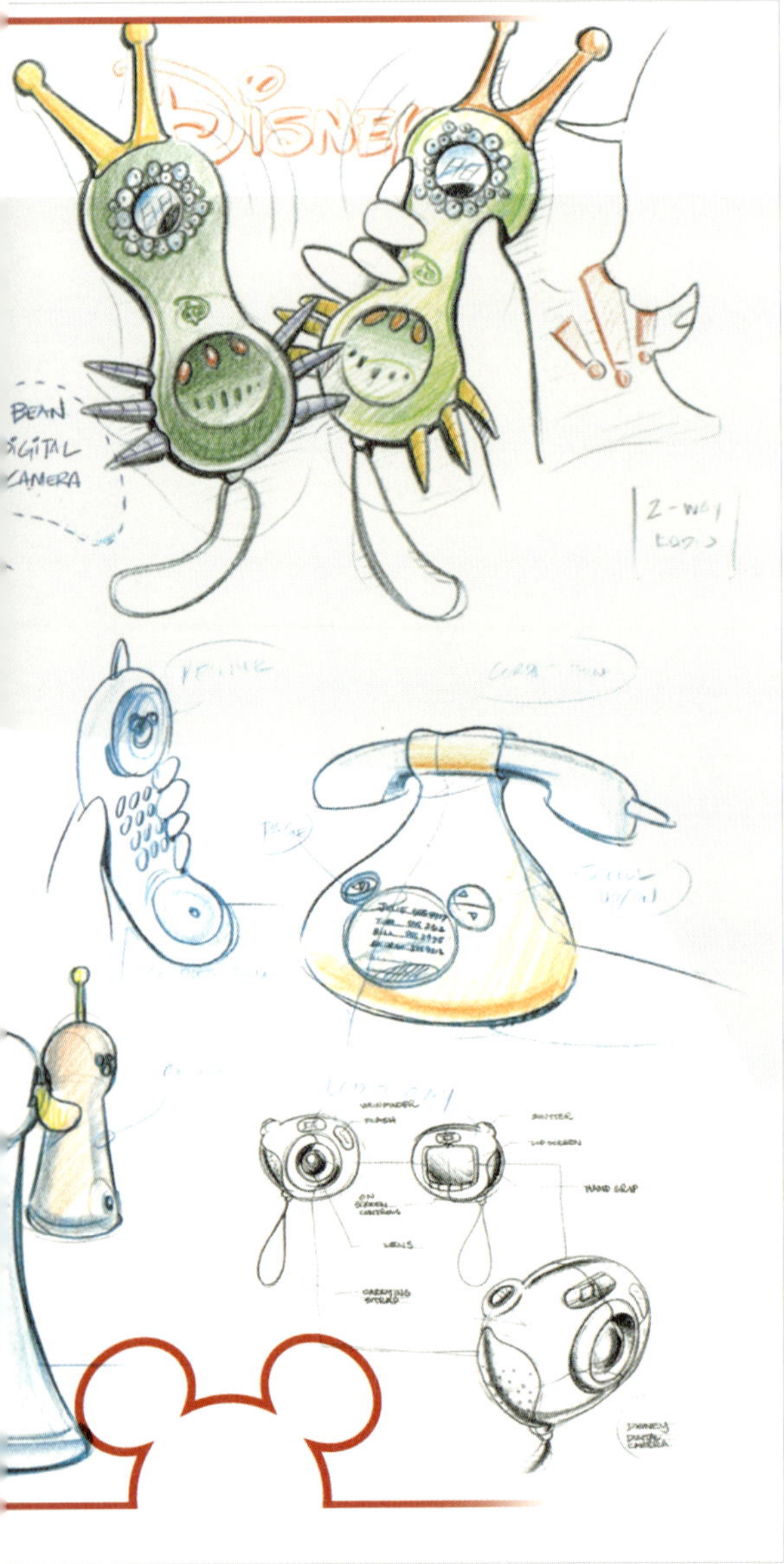

ディズニーキャラクターの特性を抽出しながら、描き起こされた初期のラフスケッチ。キャラクターたちの頭でっかちな不均衡さが動きを予感させる秘密だということを発見。結果的に豆型ボディーとなっていった

Chapter 09

フロッグデザイン

Frog Design@Silicon Valley

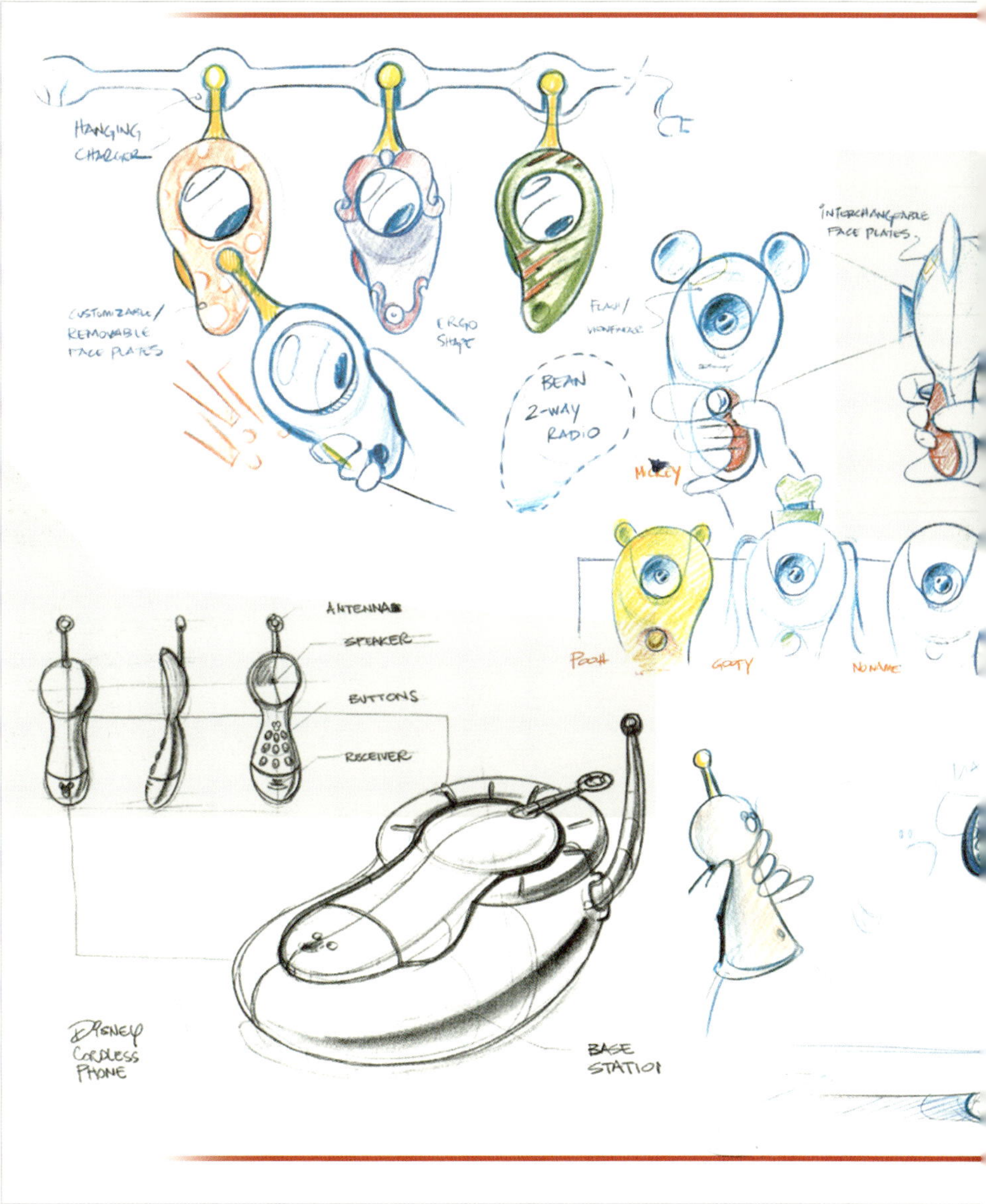
HANGING CHARGER
CUSTOMIZABLE / REMOVABLE FACE PLATES
ERGO SHAPE
FLASH / VIEWFINDER
BEAN 2-WAY RADIO
INTERCHANGEABLE FACE PLATES
MICKEY
POOH
GOOFY
NO NAME
ANTENNA
SPEAKER
BUTTONS
RECEIVER
DISNEY CORDLESS PHONE
BASE STATION

企画、製造、流通と同時に走るという発想

Frog Design@Silicon Valley

フロッグデザイン

せっかくの自信作が製造現場や小売りの意向であえなく仕様変更。製品デザインは常にこんな危機にさらされている。だからたまに店頭で斬新な製品を見かけると、心静かではいられない。いくつもの障害をかいくぐって、どうしてこんなにエッジの立ったデザインが実現できたのか。そんな疑問に一つのヒントを与えてくれるのがフロッグデザインだ。

始まりは紙ナプキンに描かれた絵

カリフォルニア州サニーベール。通称シリコンバレーのほぼ真ん中に本社を置くフロッグデザイン。かつてスティーブ・ジョブスが開発を依頼したアップルⅡcシリーズは、その後の筐体デザインの流れを変えるものとなった。

また、ドイツの無名のテレビモニターメーカーにすぎなかったＷＥＧＡは、フロッグのデザインによって、後にソニーのハイエンドブランドになる道を開いていった。フロッグがデザインしてきた作品は、その分野のマイルストーンとなることが多い。

ここにもう一つの物語が加わった。それは２００2年の初め、ディズニー・コンシューマ・プロダクツ社の開発担当者が一枚の紙ナプキンを携えてフロッグを訪れたことから始まる。くしゃくしゃの紙ナプキンに描かれていたのは、なにやら得体の知れない落書き。

「こんな感じの子供向け携帯電話をつくりたいんだ」と切り出され、フロッグデザイン副社長のジョジョ・ロイとシニアデザイナーのハワード・ニュックはその稚拙な絵にあきれた。それはともかく、これまでどのメーカーもこの分野で勝った試しはない。子供向けＰＣ、子供向け通信機器、ことごとく失敗していた。さらに驚いたことに、その年のクリスマス商戦に投入するという異例の早さ。だが、フロッグには自信があった。

「ほかのデザイン会社が今、ようやく気付き始めた手法を、私たちはすでに20年前から取り入れていたからです」と、語るロイ。

普通、新製品の開発は商品企画、製品デザイン、製造、流通という工程を順に経て市場に投下される。当然、従来のデザイン会社は顧客から「これをデザインしてくれ」と言われた段階から動き出す。そして、できあがったら製造へとバトンタッチする。

「私たちは、最初から全部の工程の意思決定者が顔をつきあわせ、共同開発

子供向けの情報機器市場にディズニーが本格的に参入する皮切りとなった電話機シリーズ。キャラクターをそのまま用いるのではなく、ミッキーたちがおとぎの世界でいかにも使いそうな情報機器にしたいというオーダーを受け、フロッグはエンジニアリングの段階からブランドデザインに取り組んだ。

Disney
14 38
Talk
MOTOROLA
Disney·PIXAR
14 38
Talk
MOTOROLA

で進めていくんです」というロイ。早速プロジェクトチームが結成された。ディズニー、フロッグ、製造担当のモトローラ、流通業者のメムコープの4社である。週2、3回という濃密な打ち合わせが始まった。

それは子供たちが知っていた

ニュックたちは『白雪姫』から『トイストーリー』まで、あらゆる絵本を熟読。すべてのキャラクターの目だけ、あるいは足だけを切り抜いてコルクボードに貼り付け、ディズニーらしさを抽出していった。そして、それらをもとにスケッチを何枚も描いた。

「ディズニーというブランドだけが持つ、あのワクワクする特長をクレージーな方向で考えてみたんです」と、ニュック。モトローラは早速それらを持ち帰り、試作機をつくる。そして実際に子供たちに使ってもらい、反応を観察する。すると意外な結果。すぐに興味をもって飛びつくものの、電話機だとなかなか気付いてくれない。逆さに持つ子、マイクと思い歌いだす子、中にはトンカチのように机に打ちつける子もいた。

「ああ、これは違うな、って気が付きました。子供たちにとって電話とはどういうカタチをしているのか。上下や前後をどうやって認識するのかをちゃんと理解する必要があるなと感じました」とニュックは語る。さらには子供の手になじむ大きさ、ボタンの間隔、どのくらいの早さでボタンを押せるかなどを、一連の観察から学ぶことにした。

「また、当初、安いウオーキートーキー、要するにオモチャの一種だと考えていたんです」とロイ。だがこれは完全な間違いだった。

流通のメムコープ社が持ち寄った資料を再検討したところ、これまで、多くの子供向け情報機器が失敗してきたのは、品質を軽視してきたためだと分かった。

「デザインが受けても、性能が貧弱だったり、すぐに壊れたりすれば、成功体験に結びつきません。一方で、対象となる6歳から12歳までの今の子供たちは、大人が想像している以上に、エレクトロニクス製品を違和感なく使いこなせます。また、親たちは、実際に使える道具として機能的により優れたものを買い与える傾向が強いという調査結果が上がっていました」。

彼らはディズニーというブランドに恥じない高性能な情報機器にしようと、製品のポジショニングをもう一度確認。その上で、ディズニーのブランドエッセンスをデザイン言語に落とし込んでいった。

この曲線は絶対譲れない！

同時進行の優れた特質は、クリエイティブと製造、あるいは流通など、異なる視点から納得のいく議論ができる点だ。例えば今回、製品のスケッチが修正されていく過程で、携帯電話のボディーを直線にすべきだという意見がモトローラ側から出された。その方が製造原価を抑えられるからだ。

「しかし、私たちはデザイン的な美しさだけでなく、そのブランドが持つルック&フィール、つまりディズニーらしさという見地から、なぜ曲線である

『ニューズウィーク』2004年6月7日号の表紙を飾った「petfrog」。モバイルの未来を予測する特集記事の中で、フロッグは手のひらサイズの情報端末としてプロトタイプを提示。いかにも現実味のあるデザインに「店頭でお探しにならないでください」という但し書きも

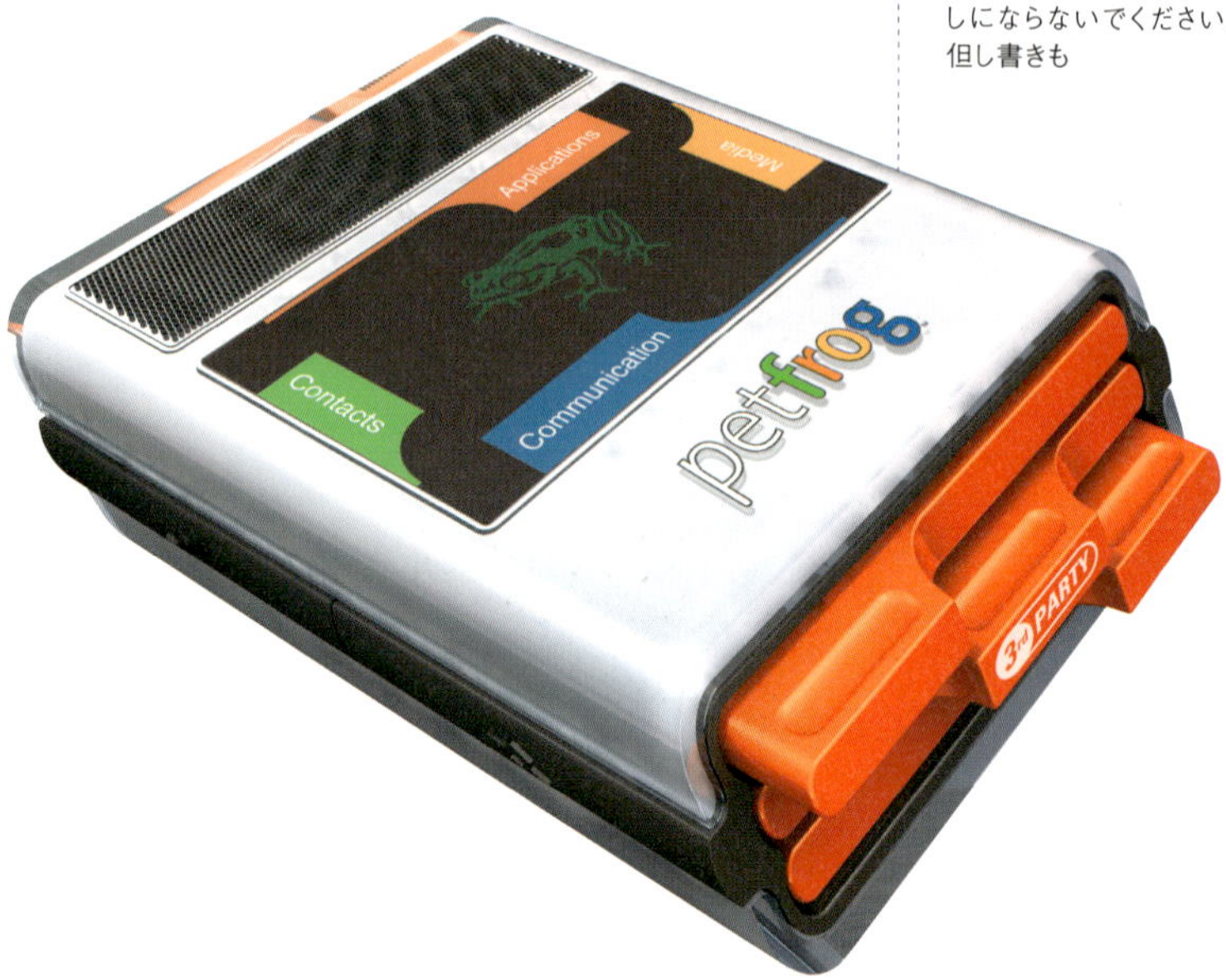

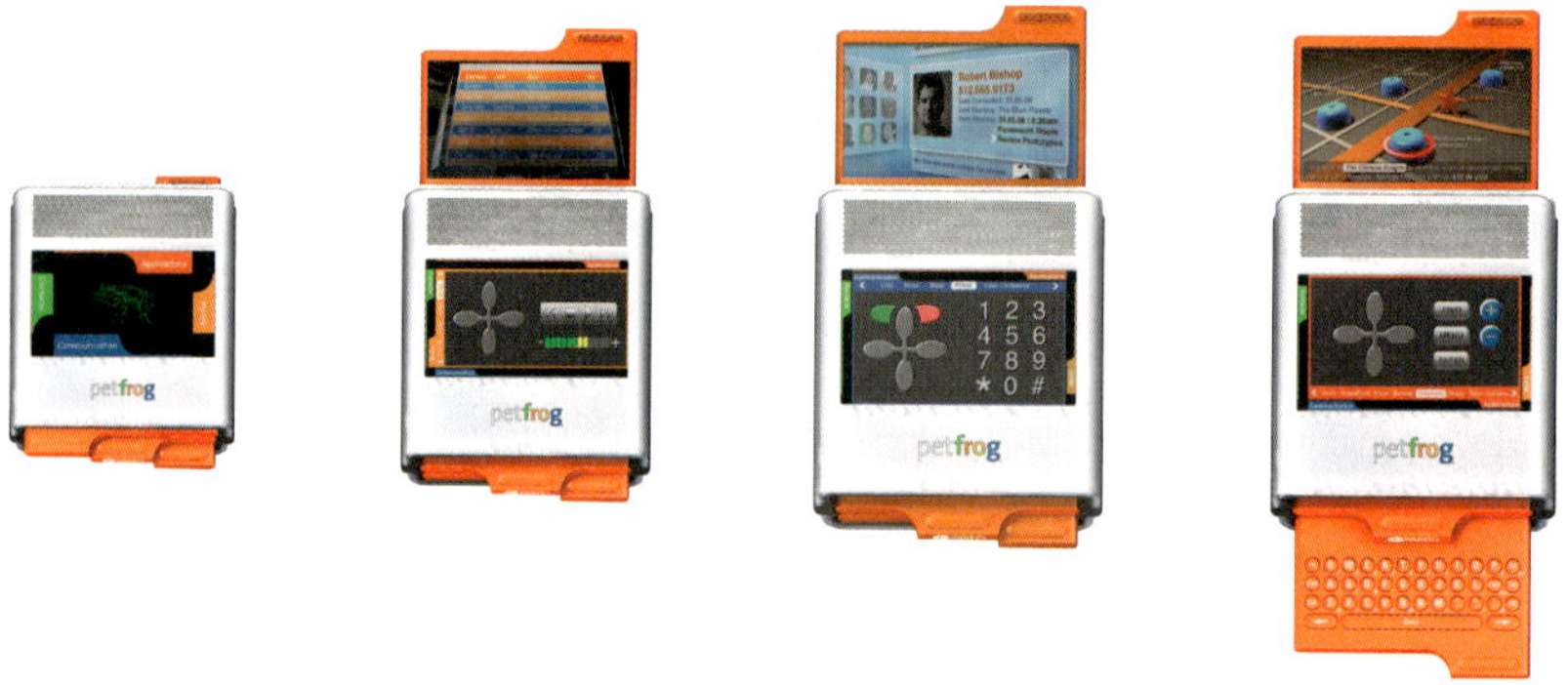

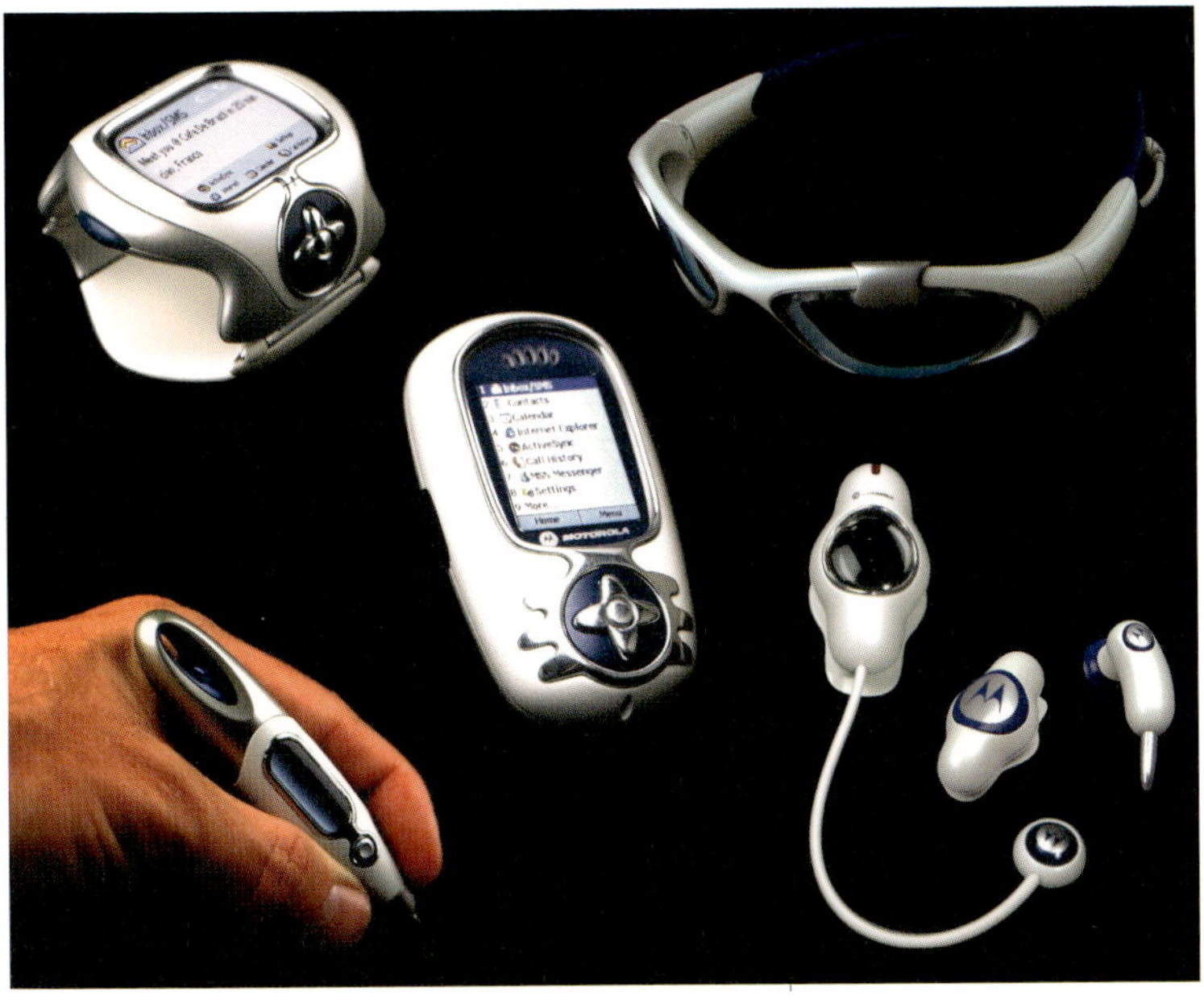

モトローラとの共同開発ウェアラブルコンピュータープロジェクト。フロッグはメーカーと協同して情報技術分野でこうした“ブルースカイ”（試作機）を多く手がけている。この作品は、実際に2004年春公開の映画『Agent Cody Banks-2』の中で、近未来の情報端末として登場している

副社長のジョジョ・ロイ

シニアデザイナーのハワード・ニュック

Chapter 09

フロッグデザイン　1969年、ドイツ・アルテンスタイグで創設されたプロダクトデザインオフィス。80年代の初め、アップルコンピュータの製品デザイン担当に抜擢され、シリコンバレーに本社を移転。82年からおよそ8年間、アップルⅡcシリーズのデザインを手がける。また、ソニーのウォークマンの前身となったニューズマンをはじめ、NEC、マイクロソフト、オラクルなど情報機器やインターフェースの開発に高い評価を得ている。そのほか、ルイ・ヴィトンのトランクや、ルフトハンザ航空の待合室とシート設計などにも手腕を発揮。現在、サニーベール本社をはじめ、サンフランシスコ、オースチン、ニューヨークに展開しているほか、創業の地ドイツにもオフィスを置く。シュバルツバルト（黒い森）に近いアルテンスタイグはカエルの生息地としても知られ、ドイツではこの地方出身者を“フロッグ”と呼ぶ。

べきかを主張しました」。

さらには店頭で目を引くにはどんな見た目が有利か、みんなで議論していった。こうして4社の協同プロジェクトによって、2002年11月、携帯電話とトランシーバーが、メムコープの流通ルートである情報機器の量販店サーキットシティにお目見えした。翌年にはテレビ、DVDプレーヤーなどへと拡張され、90億ドル（約1兆円）市場といわれる米国の子供向けエレクトロニック製品市場をこじ開けることに成功した。中でもカラオケマイクは知育遊具の評価団体オッペンハイムから2003年度優秀賞を受賞した。

企画、製造、流通と一体となって開発を進めることは、デザインの立場からだけでは難しいかもしれない。しかし、フロッグは一貫して流通や製造との連携を大事にしてきたという。その延長線上に今の優れた手法が築かれており、今や顧客企業のビジネスそのものをデザインする役割を担っていると言えよう。その結果、クリエイティブな美しさはもちろんのこと、ユーザーフレンドリーなカタチ、ビジネス与件を同時に満たしているのだ。しかし、なにより驚くべきは、あの紙ナプキンのアイデアから店頭に並ぶまで、わずか9か月という早さ。まさにフロッグ（カエル）の跳躍というところだろう。

ドイル・パートナー

Doyle Partners @ New York

Chapter 10

映画「ユー・ガット・メール」で描かれていたように、
ニューヨークは書店がよく似合う。
出版、音楽、そして美術館、至るところに文化の香りが漂うこの街には、やはり
その環境にふさわしいデザインオフィスが発達するものだ。
その代表格として多くの人々が挙げるのがドイル・パートナーである。
美術館をはじめ、出版や流通などの分野で定評ある作品を数多く出し続けている。
その発想のヒントを代表のステファン・ドイルに聞いた。

バーンズ&ノーブルの新刊案内ボードのプレゼン案。競馬ミステリーで知られるディック・フランシスの著作を例にした。
[左頁]店舗のインテリアデザインも担当するドイル・パートナーは、ドアの取っ手にロゴマークの「&」を提案した

ドイル・パートナー

Doyle Partners @ New York

ニューヨーク文化をデザインする

Doyle Partners @ New York

ドイル・パートナー

アイデンティティーを確立して大躍進した書店

マンハッタンを南北に貫くブロードウェイのミッドタウン地区。一九三〇年代に建てられた重厚なビルの一角に、ドイル・パートナーの事務所はある。向かいにはペンタグラム、一本東の通りにはチャマイエフ・ガイスマー、さらに東の5番街には大小のデザイン会社が並ぶ。東京に例えるなら青山あたりというところ。ここに毎朝自転車で通勤してくるのがステファン・ドイル。グリニッジビレッジの住まいから、事務所まで十分足らず。生粋のニューヨーカーである。

ドイル・パートナーの存在が知られることになったのは、やはりあの「マーサ・スチュワート」だろう。このところ経営問題で揺れているものの、依然、台所用品、インテリア、園芸用品などの一大ブランドであるのに変わりはない。急成長を遂げたその原動力はカリスマ主婦の話題性だったが、もうひとつ付け加えるなら、アイデンティティーづくりがとてもうまかったということ。ドイル・パートナーはそのサインからパッケージ、店舗デザイン、コミュニケーションツールのいっさいを担当していたのだ。パステル系の洗練されたデザインがブームを後押ししたことは間違いない。

ところが実際に訪ねてみて分かったのだが、やはり、美術館のアイデンティティーや、インスタレーション、書籍の装丁など、いかにもニューヨークらしい作品をたくさん手がけていた。ドイル自身、いろいろな分野の仕事に挑戦することが常に発想を新鮮に保つ秘訣と語っているが、傾向としては文化芸術方面に優れた作品が多いようだ。

近年の作品の中からそのひとつを挙げるとすれば、やはりバーンズ＆ノーブルだろう。全米最大規模の店舗展開を誇るこの書店は、立ち読み歓迎だけではない。店内の至るところにイスやソファが用意してあって、ゆっくり腰を落ち着けて自由に本を閲覧できるうえ、併設されているカフェに持ち込んで読んでもかまわない。そんな奇抜なアイデアが受けて、九〇年代に大躍進を遂げた書店である。ドイル・パートナーはそのアイデンティティーをトータルに受け持った。

[上段]児童書売り場用にデザインした水玉模様の壁紙パターン。[中段左]「&」マークで構成された書籍売り場の壁紙パターン。[中段右]パリのカフェをイメージしたカフェセクションの壁紙パターン。[下段]「&」マークを用いたプレスキット用のカバーデザイン。[左下]書店およびコーポレートで使用する際のロゴマーク。[右下]ネット書籍販売のサイトで展開するロゴマークには「&」に代わり「and」を入れたものが採用された

BARNES&NOBLE
BOOKSELLERS

barnesandnoble.com

Doyle Partners @ New York

値段を知らせるプライシングポスターと、メッセージポスター。店内で美しく見せるために、まず、カラーパレットをつくり、色彩を厳密にコントロールしている

さまざまなものが交錯する“&”マーク

バーンズ&ノーブルの創業は意外に古く、一八六五年。一方で前述のように、新しい取り組みにも意欲的だ。

「彼らが望んでいたのは、過去の遺産を伝え、同時に未来に向かう姿勢を発信するということでした」とドイルは語る。そこでこの命題をもとに、基本となるロゴタイプを開発。非常にモダンな雰囲気のタイポグラフィと、オールドファッションな〝&〟マークとを組み合わせることによって、過去と未来を表現した。

最初の段階では、ロゴタイプはモノクロで検討する。新聞広告が今なお主要な媒体となっている米国の小売業では、モノクロの状態でどうアピールするかが大切だ。まずタイポグラフィを確定してから、色の選択へと進む。

「色については、人それぞれが受ける印象が違いますから、慎重に選ぶ必要があります」。ドイルは現在、母校のクーパーユニオン大学をはじめ、イェール大学、ニューヨーク市立大学などで「アイデアはどこからやってきて、どこへ行くのか」というテーマで教鞭を執っている。その際にも、色の選択をくれぐれも甘く見ないよう学生たちに促している。

「例えば、今のニューヨークを色という視点から眺めると、癒しの過程を見ることができます」と、ドイルは言う。9・11のころと比べ、今は格段に色彩が明るく、精彩を放ってきたというのである。サインしかり、ポスターしかり、広告しかり。クリエイターたちが意識して輝きや活力を連想させる色を選んでいるからだともドイルは考えている。

さて、バーンズ&ノーブルのロゴカラーに話を戻そう。モダンなタイプを用いた文字の部分には緑を配し、店内の居心地の良さや、気軽に入れる雰囲気を表した。

また、〝&〟マークの部分はオレンジにし、活気を表現した。異なる二つの系統の色同士が調和して、近所の文化サロン的なバーンズ&ノーブルのパーソナリティーを巧みに表現している。

ドイル・パートナーでは、このほか、店舗デザイン、壁紙、紙袋、ポスター、ホームページなどを統一したトーン&マナーでデザインしていった。ここで生きてくるのが〝&〟マークの存在だ。実はドイルには、ひとつの計算があった。それはこのマークが単独で使われることを想定していたのだ。いわばシンボルの役割をも果たすというわけである。それは、例えばドアの取っ手のところにさりげなく使われていたりする。面白いのは、ブックコーナーとCDコーナーの境界線にあたる部分のカーペットに、大きくこの〝&〟マークがあしらわれていることである。

「〝&〟マークは、本と音楽、書籍売り場とコーヒーショップ、詩の朗読会と音楽イベントといった、バーンズ&ノーブルが提供している異なる価値同士をつなぐ役目を象徴的に果たせると考えたのです」。

もちろんロゴタイプも色も、そうすんなりと決まったわけではない。さまざまなバリエーションを出して、少しずつ狭めていく作業を繰り返した。

「専門家として薦めたいデザインを提示する一方で、結局のところ、担当者

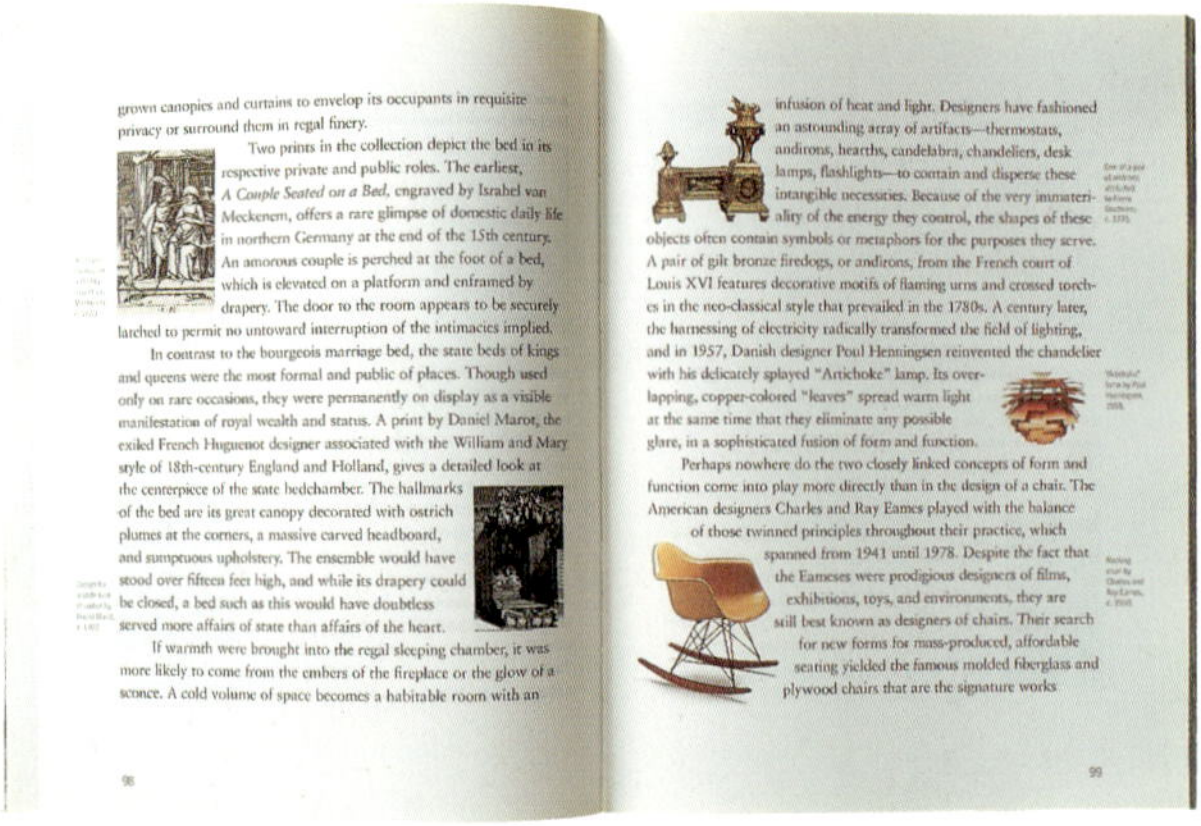

grown canopies and curtains to envelop its occupants in requisite privacy or surround them in regal finery.

Two prints in the collection depict the bed in its respective private and public roles. The earliest, *A Couple Seated on a Bed*, engraved by Israhel van Meckenem, offers a rare glimpse of domestic daily life in northern Germany at the end of the 15th century. An amorous couple is perched at the foot of a bed, which is elevated on a platform and enframed by drapery. The door to the room appears to be securely latched to permit no untoward interruption of the intimacies implied.

In contrast to the bourgeois marriage bed, the state beds of kings and queens were the most formal and public of places. Though used only on rare occasions, they were permanently on display as a visible manifestation of royal wealth and status. A print by Daniel Marot, the exiled French Huguenot designer associated with the William and Mary style of 18th-century England and Holland, gives a detailed look at the centerpiece of the state bedchamber. The hallmarks of the bed are its great canopy decorated with ostrich plumes at the corners, a massive carved headboard, and sumptuous upholstery. The ensemble would have stood over fifteen feet high, and while its drapery could be closed, a bed such as this would have doubtless served more affairs of state than affairs of the heart.

If warmth were brought into the regal sleeping chamber, it was more likely to come from the embers of the fireplace or the glow of a sconce. A cold volume of space becomes a habitable room with an

98

infusion of heat and light. Designers have fashioned an astounding array of artifacts—thermostats, andirons, hearths, candelabra, chandeliers, desk lamps, flashlights—to contain and disperse these intangible necessities. Because of the very immateriality of the energy they control, the shapes of these objects often contain symbols or metaphors for the purposes they serve. A pair of gilt bronze firedogs, or andirons, from the French court of Louis XVI features decorative motifs of flaming urns and crossed torches in the neo-classical style that prevailed in the 1780s. A century later, the harnessing of electricity radically transformed the field of lighting, and in 1957, Danish designer Poul Henningsen reinvented the chandelier with his delicately splayed "Artichoke" lamp. Its overlapping, copper-colored "leaves" spread warm light at the same time that they eliminate any possible glare, in a sophisticated fusion of form and function.

Perhaps nowhere do the two closely linked concepts of form and function come into play more directly than in the design of a chair. The American designers Charles and Ray Eames played with the balance of those twinned principles throughout their practice, which spanned from 1941 until 1978. Despite the fact that the Eameses were prodigious designers of films, exhibitions, toys, and environments, they are still best known as designers of chairs. Their search for new forms for mass-produced, affordable seating yielded the famous molded fiberglass and plywood chairs that are the signature works

99

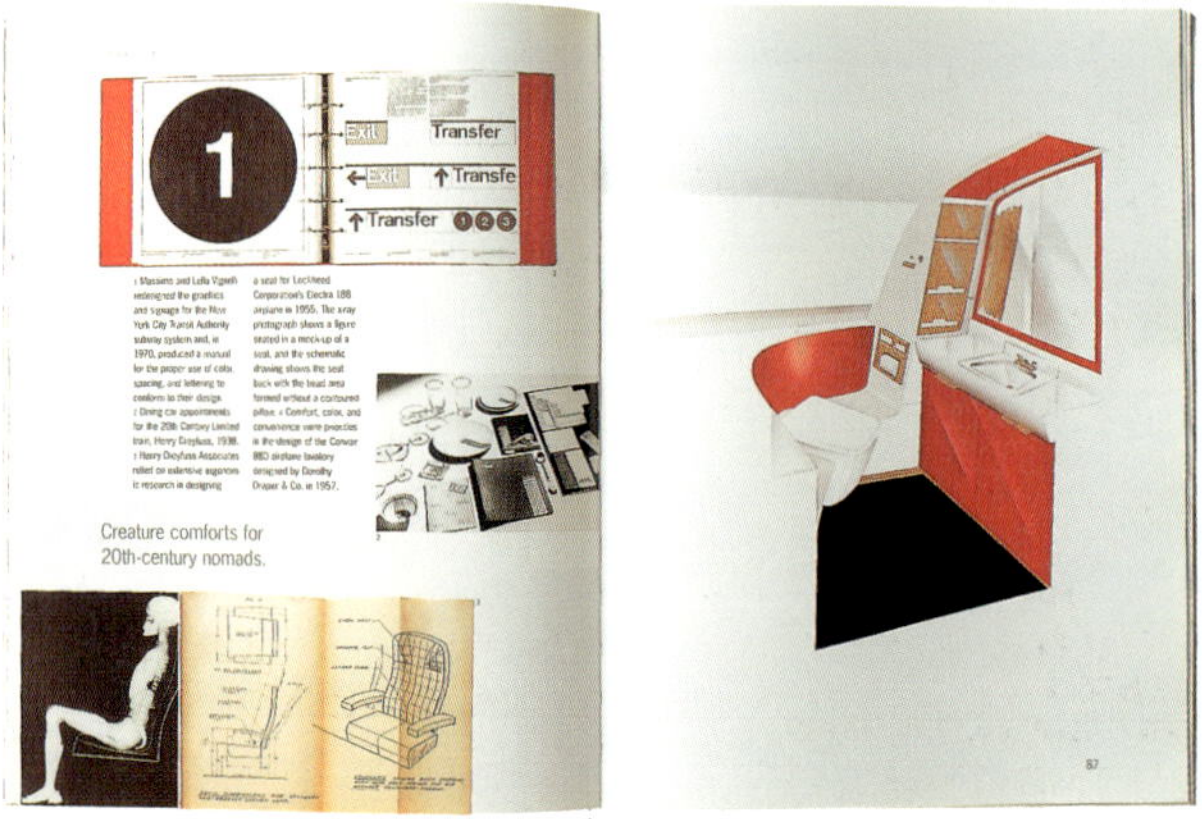

1 Massimo and Lella Vignelli redesigned the graphics and signage for the New York City Transit Authority subway system and, in 1970, produced a manual for the proper use of color, spacing, and lettering to conform to their design. 2 Dining car appointments for the 20th Century Limited train, Henry Dreyfuss, 1938. 3 Henry Dreyfuss Associates relied on extensive ergonomic research in designing a seat for Lockheed Corporation's Electra 188 airplane in 1955. The x-ray photograph shows a figure seated in a mock-up of a seat, and the schematic drawing shows the seat back with the head area formed without a contoured pillow. 4 Comfort, color, and convenience were priorities in the design of the Convair 880 airplane lavatory designed by Dorothy Draper & Co. in 1957.

Creature comforts for 20th-century nomads.

87

クーパー・ヒューイット・ナショナルデザイン美術館の図録。ドイル・パートナーはこの美術館のアイデンティティー開発、サインなどを総合的に手がけている。『ローリングストーン』誌、『エスクァイア』誌などのADとして手腕をふるったステファン・ドイルは、エディトリアルデザインも得意分野のひとつだ

Doyle Partners @ New York

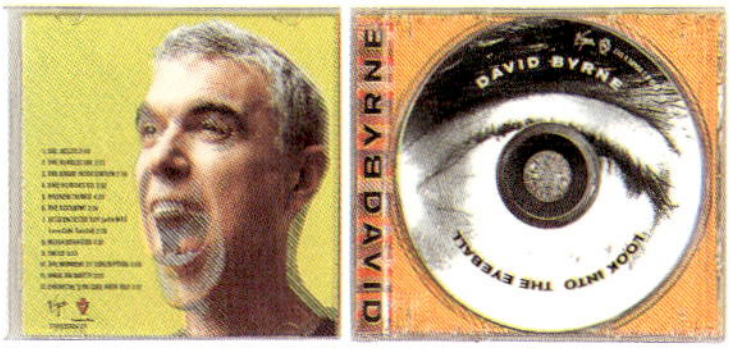

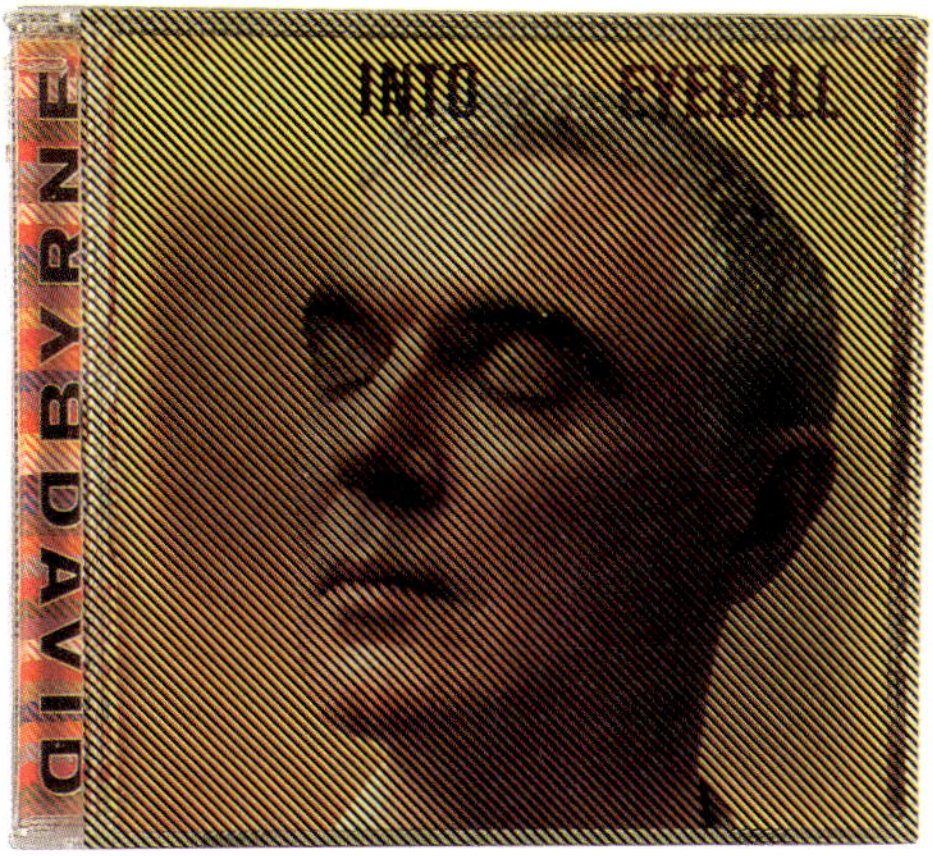

デビッド・バーンのCDジャケット・デザイン（上）。ストライプの入った透明カバーをスライドさせるとバーンの目が開いたり閉じたりする。下段はライ・クーダーのアルバムデザイン

Chapter 10

ドイル・パートナー　ステファン・ドイルを中心として、1987年に現ブロードウェイに事務所を設立。抑制の利いた上質な作品で定評あるデザイン会社。グッゲンハイム美術館、ニューヨーク近代美術館、クーパー・ヒューイット・ナショナルデザイン美術館など、アート関連のアイデンティティーを多く手がけている。また、ハーパーコリンズ・パブリッシャーズや、ペンギン・パトナムなど著名な出版社の書籍の装丁も多い。ワーナー・ブラザーズ、ヴァージンレコード、ソニーなどエンターテインメント系にも活躍。そのほかIBMの『Think』やハーマンミラーのカタログなど、活動は多岐にわたる。現在スタッフは8名、うち7名がデザイナーという編成。

が快くＯＫを出せる着地点を模索していくことになります」という。その意味で、デザイナーとは精神科医のような存在であり、クライアントの心の奥底に耳を傾け、時間をかけて相手が納得する地点に導くことが仕事なのだ。

また、大学の授業で、彼は講師としてこんなことを言っているという。

「私たちは説明することに夢中になって、理解することをないがしろにしてはいないだろうか」。その戒めを自らに課することによって、控えめだけれども印象に残るニューヨーカーらしいデザインになってゆく。アイデアはいつも対話の中からやってくることを、ドイル・パートナーの作品は示してくれる。

ワーナー・デザイン・ワークス

Werner Design Werks @ Minneapolis

Chapter 11

シャロン・ワーナーのデザインは、中西部を生きる人々の暮らしと共にある。
家事を切り盛りしたり、小さなビジネスを起こしたり、
現実の暮らしぶりが匂い立つようなデザインだ。
そんな彼女がなぜ全米で注目される存在になったのか、
その創作に寄せる思いと共に語ってもらった。

ワーナー・デザイン・ワークス

Werner Design Werks @Minneapolis

HILLBILLY HOLLYWOOD
THE ORIGINS OF COUNTRY & WESTERN STYLE
BY DEBBY BULL

"Rockabilly gave me a nervous breakdown,"
They left behind a STYLE that has lasted up to the present in country music.

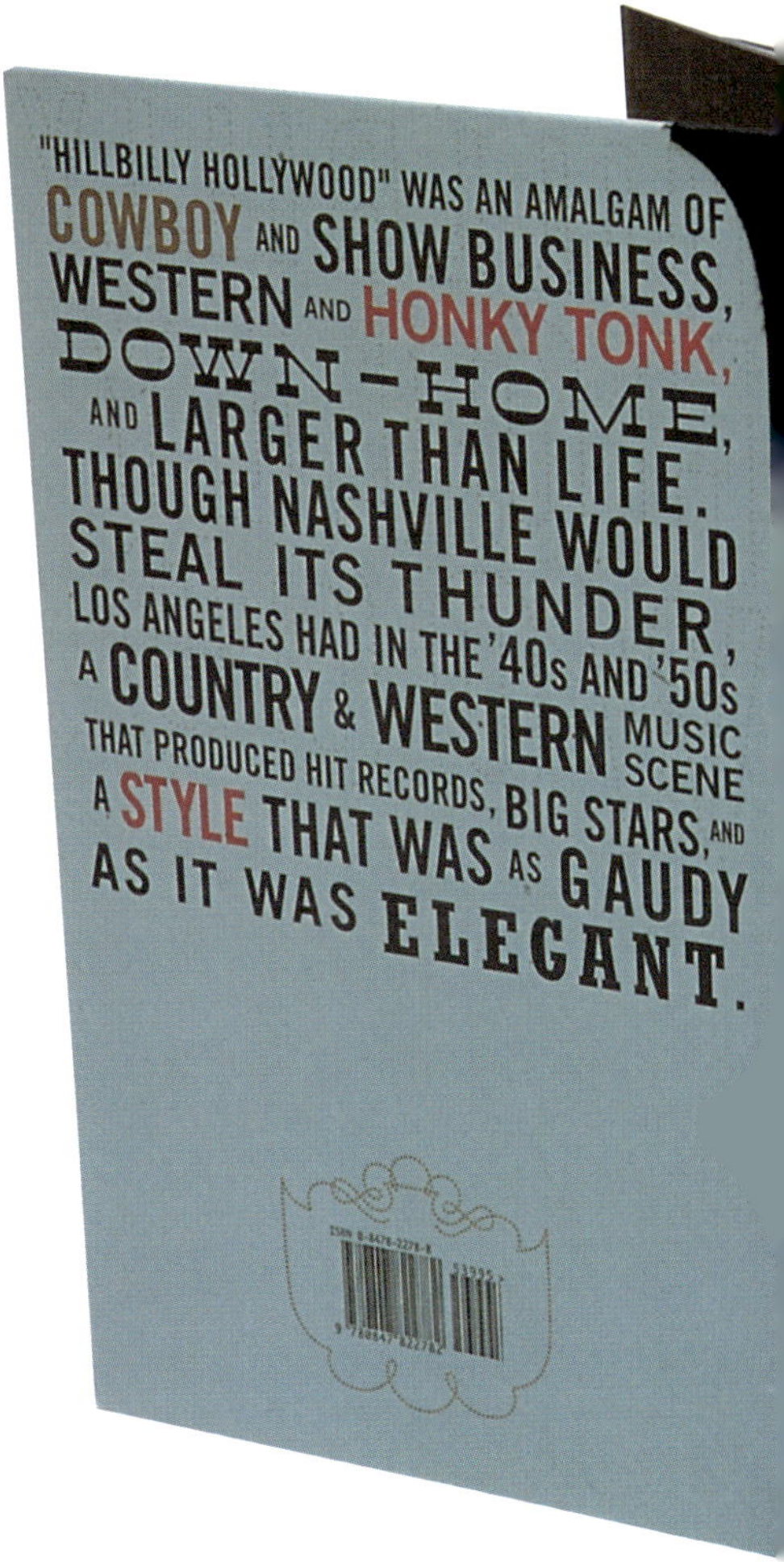
"HILLBILLY HOLLYWOOD" WAS AN AMALGAM OF COWBOY AND SHOW BUSINESS, WESTERN AND HONKY TONK, DOWN-HOME AND LARGER THAN LIFE. THOUGH NASHVILLE WOULD STEAL ITS THUNDER, LOS ANGELES HAD IN THE '40s AND '50s A COUNTRY & WESTERN MUSIC SCENE THAT PRODUCED HIT RECORDS, BIG STARS, AND A STYLE THAT WAS AS GAUDY AS IT WAS ELEGANT.

「ヒルビリー」とはアメリカで1940年代から60年代にかけて一斉を風靡したカントリー風の音楽。陽気で哀愁漂うその音楽は70年代以降、急速に姿を消していった。当時現役で活躍したミュージシャンたちが存命のうちにと、精力的なインタビューをしていったモンタナ州のライター、デビー・ブルの熱意に打たれ、シャロン・ワーナーはエディトリアルデザインを手がけた。ヒルビリーの特徴であるケバい衣装を装丁にも反映させている

トライし続ける人のためのデザイン

Werner Design Werks @ Minneapolis

ワーナー・デザイン・ワークス

母親たちのパーソナリティー

人口およそ四十万人、ミネアポリスはアメリカ中西部最北に位置するミネソタ州の都市だ。森と湖に囲まれた静かなこの町は、意外にも全米屈指の広告予算が動く。３Ｍ、ターゲットなど国際的な大企業の本社があるためだ。かつてはスーパーコンピュータのクレイリサーチ社も本拠を構えていた。また、優れた教育水準とアート普及活動で全米に知られるミネソタ・インスティテュート・オブ・アーツがあり、人々のアートに対する関心はきわめて高い。

ワーナー・デザイン・ワークスは、代表のシャロン・ワーナーとデザイナーのサラ・ネルソンという、女性二人だけの小さなオフィスだ。ある時、二人は新ブランドを立ち上げる依頼を受けた。顧客はミネソタ州を中心にアメリカ中西部を市場とする日用品メーカーである。新しい洗剤のネーミング、パッケージ、セールスツールなどを任されたものの、ネーミングですでに行き詰まった。マーケティング資料から浮かんできそうなアイデアは、どれも聞いたようなものばかり。シャロンもサラもフリーのコピーライターも煮詰まりかけていた。

一息つきながら、なにげなくシャロンはサラに母方の姓をたずねた。「マイヤーズよ」という、その名前の響きにシャロンの心が動いた。大家族の中で育ち、家事を切り盛りしながら九人の子供を育て上げたというサラの母親。いわば家事のプロであり、現実の生活がどういうものかを知り尽くしている世代。この洗剤を最も必要としているのは、その子供たちである今の働き盛りだとシャロンは気付いたのだった。

そうだ。それで行こう！「ミセス・マイヤーズ」。たちまち、新ブランドのパーソナリティーが明確に浮かんだ。お掃除のことならマイヤーズさんに聞け、そんな頼れる響きを持つ名前だ。そして、ともすれば田舎臭い、時代遅れなイメージになりがちなパーソナリティーを、上質であたかも老舗が持つような信頼性へと転換させることができたのは、デザインの力だった。掃除や洗濯をもっと上手にできることは、確実に生活を前向きにしてくれる。控えめな色使いと品のあるイラストを用い、そんな提供価値を表現した（一七八頁）。

現実の生活に即したデザインといえば、ターゲットストアのバレンタイン

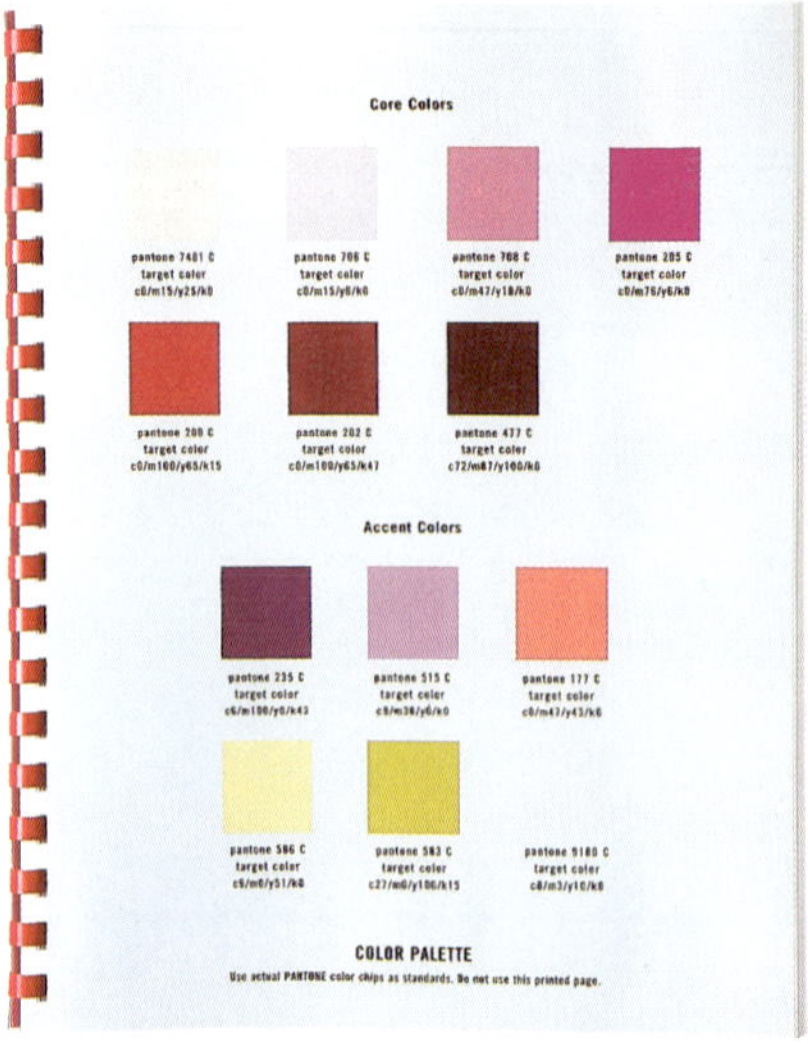
Core Colors
pantone 7401 C
target color
c0/m15/y25/k0
pantone 706 C
target color
c0/m15/y6/k0
pantone 708 C
target color
c0/m47/y18/k0
pantone 205 C
target color
c0/m76/y6/k0
pantone 200 C
target color
c0/m100/y65/k15
pantone 202 C
target color
c0/m100/y65/k47
pantone 477 C
target color
c72/m87/y100/k0
Accent Colors
pantone 235 C
target color
c6/m100/y0/k43
pantone 515 C
target color
c0/m36/y6/k0
pantone 177 C
target color
c0/m47/y43/k6
pantone 586 C
target color
c6/m0/y51/k0
pantone 583 C
target color
c27/m0/y100/k15
pantone 9180 C
target color
c0/m3/y10/k0
COLOR PALETTE
Use actual PANTONE color chips as standards. Do not use this printed page.

LOVE
Day

$4.00
Women's Socks
b-mine
PRINT PRODUCTION:
Printed as 5 spot colors on the front with a matte varnish. Back side prints as 1 spot colors plus a matte varnish.
Stock: An coated one side 18pt white board.
Special Techniques: Red heart on front side should be perforated and red gloss foil stamped or clear gloss thermography. This becomes a small valentine card.
pantone 200 C
c0/m100/y65/k15
pantone 583 C
c27/m0/y100/k15
pantone 708 C
c0/m47/y18/k0
pantone 706 C
c0/m15/y6/k0
pantone 202 C
c0/m100/y65/k47
The files provided are not print ready - bleed has not been added, the colors have not been trapped. The product information is FPO only.
PACKAGING - Sock Capper

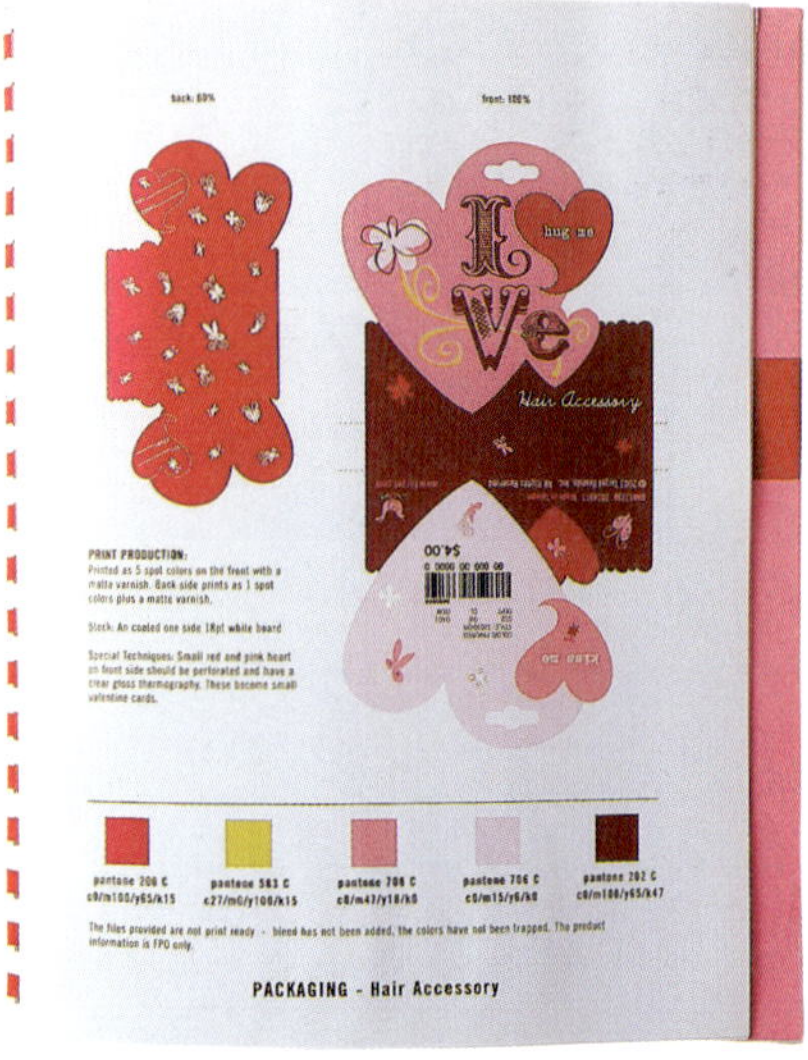
hug me
Hair Accessory
$4.00
PRINT PRODUCTION:
Printed as 5 spot colors on the front with a matte varnish. Back side prints as 1 spot colors plus a matte varnish.
Stock: An coated one side 18pt white board
Special Techniques: Small red and pink heart on front side should be perforated and have a clear gloss thermography. These become small valentine cards.
pantone 200 C
c0/m100/y65/k15
pantone 583 C
c27/m0/y100/k15
pantone 708 C
c0/m47/y18/k0
pantone 706 C
c0/m15/y6/k0
pantone 202 C
c0/m100/y65/k47
The files provided are not print ready - bleed has not been added, the colors have not been trapped. The product information is FPO only.
PACKAGING - Hair Accessory

ターゲットストア2004年バレンタイン商戦のためのガイドライン。店舗デコレーションの基本的なトーン&マナー、タイポグラフィ、カラーパレット、ビジュアル案などを一冊のブックレットに規定。全米1300店舗以上を擁すターゲットは全店このガイドラインに従った

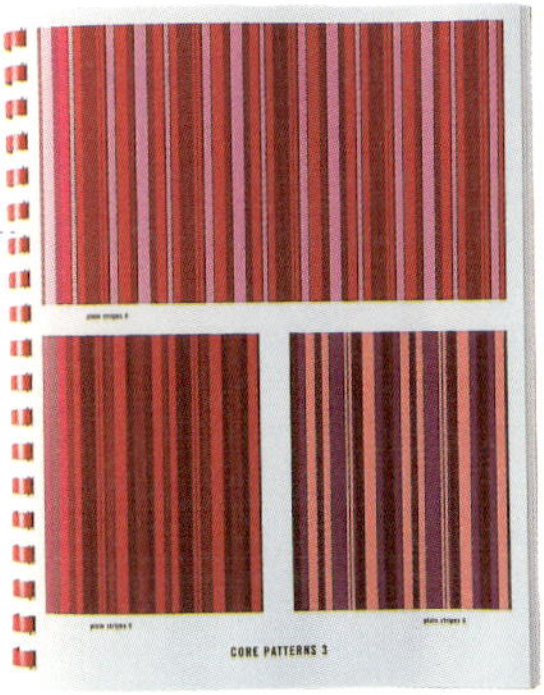

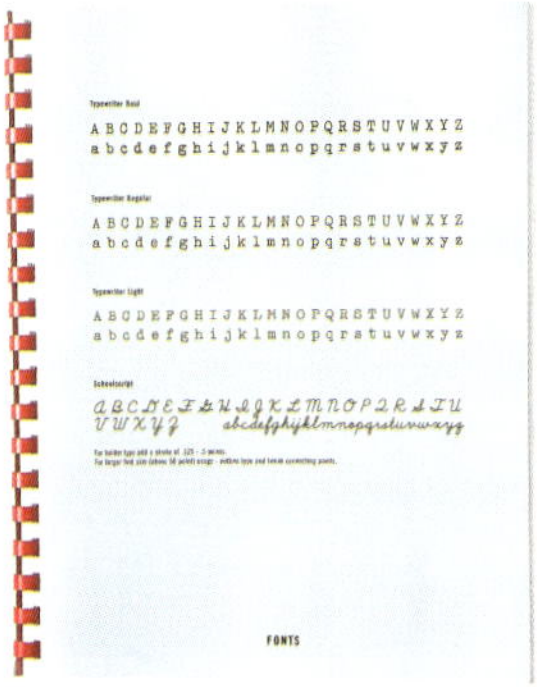

商戦ガイド（一七四―一七五頁）の制作も挙げられる。バレンタインデーはアメリカ人にとっては大きなイベントだ。ターゲットストアはイメージの統一をはかるために、ワーナー・デザイン・ワークス一社に発注することに決めていた。そこでシャロンとサラは、百二十品目に及ぶスタイルガイドを制作。カーテンや壁紙、Tシャツといった製品デザインから、包装紙、売り場装飾に至るまで、すべて自分たちで手がけた。

仕事の進め方はきわめてシンプルだった。例えば、古い壁紙や生地見本からインスピレーションを得たりしながら、生地のデザイン案を手描きでスケッチしていく。シャロンとサラは二人で批評し合い、これはと思うアイデアを形にしてみる。こうして普通紙に出力した案を何十枚も携えて、ターゲットの担当者にプレゼンテーションする。といっても形式張ったプレゼンではない。出力紙をテーブルに広げて、「これはあり、これはなし」と、その場でより分けていくものだった。相手も小売りのプロなので、どんなデザインが売れるか、おおよそ見当がつく。小売店で扱う商品のデザインは、最先端から二、三年遅れたところにあるという。新奇性も大切だが、いつもながらの安心できる楽しさが必要だ。シャロンたちはそのバランスを絶妙に保っていった。

ワーナー・デザイン・ワークスには、地元の顧客が多い。アヴィダというヘアサロンもその一つだ。アヴィダの創業者は、現実とあまりにも乖離しているファッション誌やカタログに飽き飽きしていた。もっとリアリティーのあるイメージを発信したいと考えていたのだ。その思いを形にするために、シャロンはヘアスタイルブック(一七九頁)をつくろうと提案した。『Hi-Fi, Low-Fi』というタイトルは、彼女の考え方をそのまま反映させたものだ。自分の町のヘアサロンへは格好良くなるためだけでなく、リラックスするために行くのだ。ハイファッションでありながら気取らない「行きつけ感覚」を、ブックでは表現した。アヴィダはその後、どんどん店舗を増やしていった。

このようにシャロンが好んで地元の起業家たちと仕事をするのは、彼女自身、ある価値観を大切にしているからだ。中西部には「Can do attitude」という考え方が残っている。それは春に種をまき、秋に収穫するというスパンの中で培われてきた価値観だ。本当にやる気がある人に対しては、半年後の収穫を期して必要な援助を申し出る。もしもその年不作に見舞われても、また来年、挑戦すればいい。

「大きな企業のプロと仕事をするのも得るものが大きいけれど、自分のお金でビジネスを起こそうとする人たちを手伝うことが個人的には好き」と、シャロンは言う。

引退しない女

中西部に密着し、デザイン活動を続けるシャロン・ワーナー。にもかかわ

洗剤ブランドのネーミングからデザインまでを請け負った事例。マーケティング資料に基づく発想だと、どうしても今売れている商品の後追いになってしまいがち。そこでシャロンとサラは、サラの母方の姓から、「ミセス・マイヤーズ」を提案。彼女たちは自らの直感を信じた

ヘアサロンの客を撮り続けた創業者の写真をそのままプロモーションブックに使った「Hi-Fi, Low-Fi」。最高級の音源とリラックスできる雰囲気とを掛けている。けっこうクールなのに敷居は低い。そんな気がおけない街のサロンを一冊の本にした

Chapter 11

ワーナー・デザイン・ワークス　代表のシャロン・ワーナー（左）とデザイナーのサラ・ネルソン（右）との二人三脚で営むミネソタ州ミネアポリスのデザインオフィス。クライアントは、米国流通大手のターゲットストアをはじめ、ナイキ、クロニカルブックスといったナショナルブランドのほか、街角のヘアサロンや家具屋、地元テレビ局までローカルクライアントを多数抱える。Werner Design WerksのWerksはドイツ語の働くという意味。父母共にドイツ系アメリカ人であることに由来し、Wernerと韻を踏むので気に入っているからだという。

らず、彼女は全米にその存在を知られている。理由をたずねたところ、面白い答えが返ってきた。

「いろいろなデザイン賞の審査員を務めているからでしょう」。シャロンもサラも、ＡＩＧＡナショナルデザイン賞をはじめ、『コミュニケーションアーツ』誌、タイプ・ディレクターズ・クラブ（ＴＤＣ）などが主催するコンペに年に三、四回は審査員として出席する。そのほか、シアトルデザインキャンプやニューヨーク・アートディレクターズ・クラブ（ＮＹ ＡＤＣ）などでのスピーチを行うために全米を駆け回る。

頻繁に要請があるのは、自分たちが女性だからだとシャロンは見ている。女性のグラフィックデザイナーは、アメリカでも三十代後半からぐっと減ってくる。この頃を境に才能ある人がどんどん引退していくのだという。当然、デザイン賞の審査員は男性がほとんどとなる。そんな背景があり、女性の審査員やスピーカーは歓迎されるのだ。

「ラッキーなだけよ」と言うが、実力も評価されてこそだろう。家族はもちろん、故郷、デザインの世界といったコミュニティーをいつも大切にしてきた彼女。デザインとは、そこから新しい一歩を踏み出そうとする人に勇気を与えるものだ。シャロン・ワーナーの作品には、そんな力が宿っている。

アダムス・モリオカ

Adams Morioka @ Los Angeles

Chapter 12

ロサンゼルスを拠点に活動する戦略&コミュニケーション会社、アダムス・モリオカ。
そのアプローチは常に明快で純粋だ。企業のさまざまな想いや
複雑な戦略を取り込みながら、シンプルなメッセージへと昇華させる。
デザイン本来が持つ楽しさや驚きを失わない、
いかにも南カリフォルニアらしい「抜け」の良さが人々の好奇心と呼応する。

［左］2004サンダンス国際映画祭パンフレット表紙。単純明快な楽しさをカウボーイの絵に込めている。擦り切れた感じを出すために、画像処理でスクラッチパターンを入れた。
［右］同映画祭カタログ表紙。年輪は均質・単調さという意味を持つ。そこに穴をうがち、フィルムのリールの形にした

アダムス・モリオカ

Adams Morioka @ Los Angeles

CIにも時代によって流行があるが、アダムス・モリオカはスタイルよりもコンテンツを重視。企業の提供価値を端的に表現するよう心がけており、結果的に長期にわたって使い続けることができる作品となっている

シンプルに問題を解決する姿勢

Adams Morioka @ Los Angeles

アダムス・モリオカ

クールである必要なんてない

一度聞いたら忘れられない名前、アダムス・モリオカ。名は体を表すという通り、その作品はひと目見ると強い印象を残す。パートナーのショーン・アダムスとノリーン・モリオカは、どちらも九七年の『International Design』誌で、「世界で最も影響力のあるデザイナー四十人」に選ばれている、いわばLA最強コンビ。自らを「戦略&コミュニケーション会社」と定義する、ちょっと堅苦しいミッションとは裏腹に、少しも戦略臭くない。むしろどこよりもグラフィックデザインの奔放さにあふれている。パートナーのひとり、ショーンにそのパワーの源を聞いた。

「まともなデザイン会社ならどこもやっているように、まず、クライアントを知ること」と言うショーン。「社員よりもウチの会社に詳しいね」と言われるまで企業研究には力を入れる。ところが企業にはさまざまな思惑があり、船頭も多い。意思決定者がたくさんいるままデザインに進んでしまうと、あれもこれも、となりがちだ。結果、どこにもフォーカスできず、コンセプトは不明確になる。ショーンもノリーンも若いころ、クライアントに押し切られ、すばらしいアイデアが悲劇の結末を迎えたなんていう経験が一度や二度ではない。この苦い思い出が、アダムス・モリオカの作品の原点となっているようだ。彼らはものごとをシンプルにもっていくにはどうしたらいいかを考えた。そしてたどり着いたのは、クライアントの要望を言われるがままに詰め込んでいくのではなく、いったん白紙に戻して発想するということだった。

二人の考えを確信させてくれた幸運な出会いもあった。ユタ州パークシティーで毎年開催されるサンダンス国際映画祭は、非商業主義、オルタナティブ（規制にとらわれない）作品を世に問うことを目的にしている。
「このフェスティバルは当初、とにかく真剣で、まじめに趣旨を訴え続けた。そのうち、毎年開催を重ね、成熟した催しになってくるにつれ、コミュニケーションを見直そうという動きが出てきたんだ。もっとユーモアのセンスや、ポップな感じで親しみや若返りを図ろうとシフトさせたがっていた」。

映画祭の担当者は、「クールである必要はない。明快で、衝撃のある作品にしてほしいんだ」とアダムス・モリオカに注文した。この映画祭では年ご

アダムス・モリオカの2人は用紙メーカーのアップルトン・ペーパー社の協賛で、デザインレクチャーをエネルギッシュに展開している。これは北米各地で開催されたレクチャーの告知ポスター。左上から時計回りに、ウィスコンシン州、オクラホマ州、カナダ・トロント（これのみパンフレット表紙）、テキサス州。テキサス州の作品は、亀倉雄策の代表作である「東京オリンピックポスター」をモチーフにしている。アダムス・モリオカは、日本のクリエイターの作品をしばしば題材にする

③

①

④

②

❶ UCLA 2004冬期公開講座ポスター（左）。ピンクのロングボードは「他から抜きんでよう」というメッセージだ。右の夏期公開講座ポスターも同じくカリフォルニアのビーチと太陽をモチーフにしている。

❷映画専門テレビ局サンダンス・チャンネルのキャンペーン広告、OUT LOUDシリーズ

❸ Adobe Creative Suiteアカデミック版販促ポスター。ソフトウェアの助けを借りてイマジネーションが広がるイメージをアグレッシブかつ楽しく表現した。

❹ エンターテインメント専門テレビ会社Nickelodeonのビジュアルシステム。ロゴ規定は「べからず集」ではなく、誰でも適用できる「使用例」を中心に掲載している

とのテーマを掲げる。例えば、二〇〇四年は文字通り「マンネリの打破と再発見」というもの。このお題をもとに、ポスター、出展作品ガイド、カタログなどを制作する。最初のミーティングで課題を持ち帰った二人だったが、そう簡単に解決策は浮かばない。

「だいたい、僕は考えているうちに煮詰まっちゃう。そうするとノリーンが『いっそカウボーイブックにしちゃえば』という意見をポッと出すわけ。今回も『それいいね。決まりだ！（笑）』というふうになったんだ」と、ショーンは語る。子供のころ読んだカウボーイの本。四〇年代に描かれた心躍る表紙絵。そろそろこんなアプローチもいい。楽しそうだし、元気でいい、という議論の中から生まれたのが二〇〇四年のパンフレット（一八二頁）だ。

いいCIとは、いいデザインのことだ

戦略を視覚化する際、往々にして難しい方向へ傾き、クールだけど無意味なチャートやデザインエレメントに頼りがちだ。だが、アダムス・モリオカのユニークなところは一度原点に立ち戻って、プリミティブな視点から発想し直すということ。そして必要な要素を絞り込んでいく点だろう。

「ただね、僕らはクライアントをすっ飛ばして、出来上がりだけを見せるようにはしない」。アイデアをいじり倒されないためには、クライアントを遠ざけるのではなく、むしろ一体で進めていく方が良い。彼らはできるだけ全部のプロセスをクライアントと一緒に行っている。この映画祭の場合も、ま

ずラフスケッチを持っていって共に議論した。

「下手くそなスケッチだったよ！　自分でもいやになる（笑）。でも、クライアントにほのめかすという感じで、アイデアレベルのものを出していく。そうして、徐々に進めていく」。

サムネイル段階になると、時には、五十点近くの案を出すこともある。

「結局、最初のものになる。でもそれでいいんだ。プロセスが大事だから」。

ショーン自身、最初は映像クリエイターだった。「ところが映像は一瞬。制作物を形として見ることができるグラフィックデザインの魅力にだんだん引かれていったんだ」という。そんな経緯もあり、フィルムの世界、テレビ局とも今なお、つながりが強い。また、ショーンもノリーンもＡＩＧＡロサンゼルス地区の代表を歴任したことがある。このネットワークを活用してメディアミックス的な提案と施策ができる点も、アダムス・モリオカの強味になっている。

「そう、これはブランディングだよね、結果的には」と、ショーン。だが、彼らは意識してブランド言葉を使わないようにしている。今はみんながそういう専門用語を好んで使っていて、結局のところ言葉自体の意味がなくなっているかと指摘する。デザインを語るとき、ことさら専門用語を並べ立てる必要など本当はないのだという。

「いいＣＩ、いいブランディングとは、いいデザインのことなんだ。それでいいじゃないか」。

かつて抽象画家ハンス・ホフマンは「いらない要素を取り除くことで必要

南カリフォルニア大学入学案内。細かいカットの集合写真［上］には実際に学生が使い切りカメラで撮った写真が使われ、リアルな大学生活を描いている。また、大きなカット
［下］は高名な写真家ロイド・ジフを起用。多様な文化が混交するロサンゼルスで学ぶ刺激を描写している

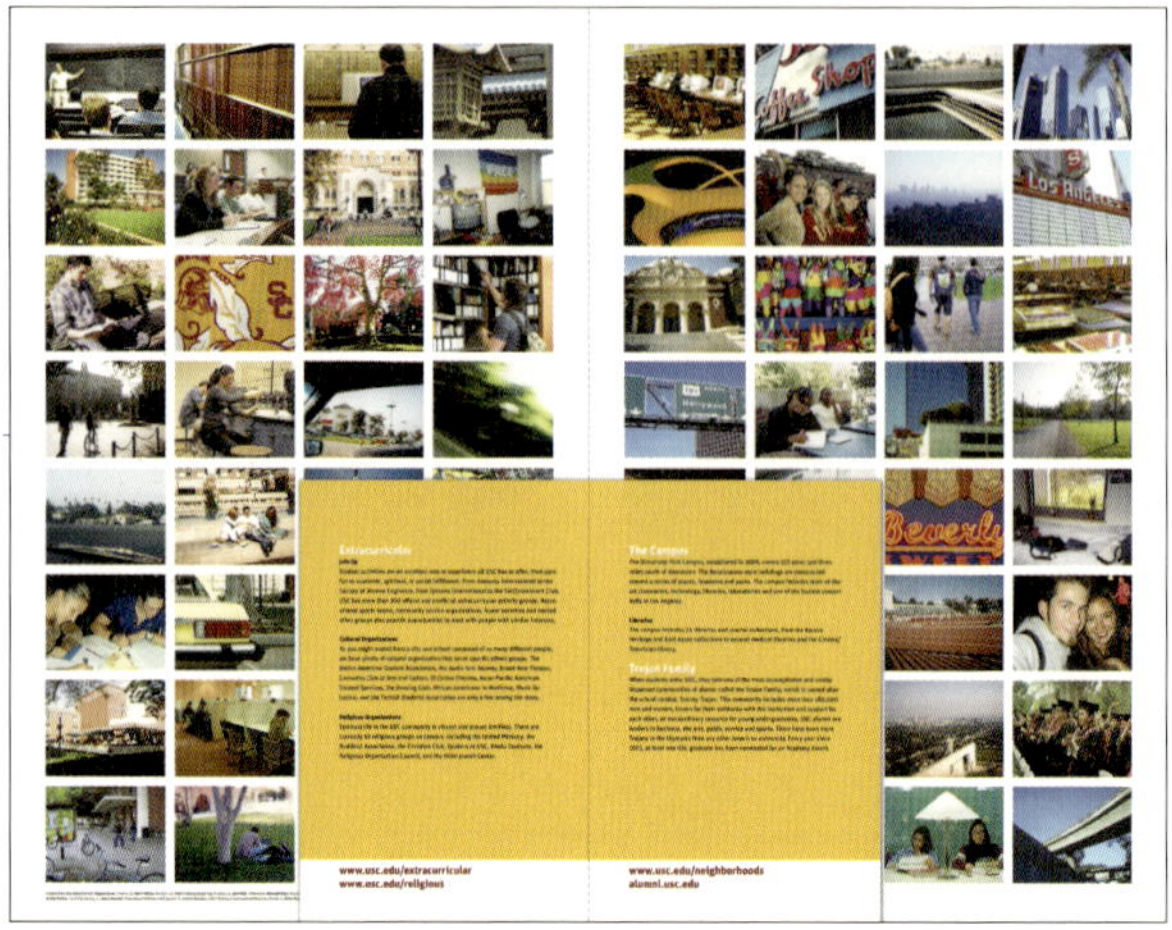

南カリフォルニア大学ポケットガイド2005表紙［左］と、同カレッジフェアのパンフレット表紙

Chapter 12

アダムス・モリオカ　ショーン・アダムス（Sean Adams）とノリーン・モリオカ（Noreen Morioka）の2人のデザイナーがパートナーとなり、1993年ロサンゼルスに設立。「明快・純粋・共鳴」をミッションに掲げる戦略&コミュニケーション会社。スタッフは2004年現在8名、うち彼らを含む4人がデザイナー。主なクライアントは、ABCテレビ、MTVネットワーク、GAP、Old Navy、サムスン電子、ワイデン＋ケネディ・アドバタイジング他、カリフォルニア州外に半分以上のクライアントを持つ。

な要素が語り始め、明快さにたどり着ける」と語った。また、ヘミングウェイは「明快に書くことで嘘か本当か、誰の目にも明らかになる」と言った。アメリカンデザインの世界においても、明快さは一つの源流になっていると言える。しかし、単純なものほど難しい。また、単純すぎても用をなさない。そのためには、純粋にデザインの見地から戦略を一度見つめ直す。そして本当に大切なものに絞り込む。カリフォルニアの空のような抜けのいいデザインは、この潔さにある。

ニュートロンLLC

Neutron LLC @ San Francisco

Chapter 13

ハリウッド型のクリエイティブ・モデルを、デザインの世界に。
そんな野心的試みに挑戦する男がサンフランシスコにいる。
ブランド・コーチングという新しい専門領域を創出し、自ら実行する
ニュートロンLLC代表、マーティー・ニューマイヤー。
その取り組みはいま、全米のデザイン界が注目するところ。
彼が講師を務めるワークショップで、そのビジョンを聞き出した。

『ブランドギャップ』表紙と中ページ。
ワークショップの教科書として書き上げたシンプルな本だが、ブランドの要諦を端的に示しているため、書店でも話題となった。ブランド論の開祖、デビッド・アーカーを始め、インテルのクリエイティブ・ディレクター、スーザン・ロックライズなどが讃辞を寄せている

ニュートロンLLC

Neutron LLC @ San Francisco

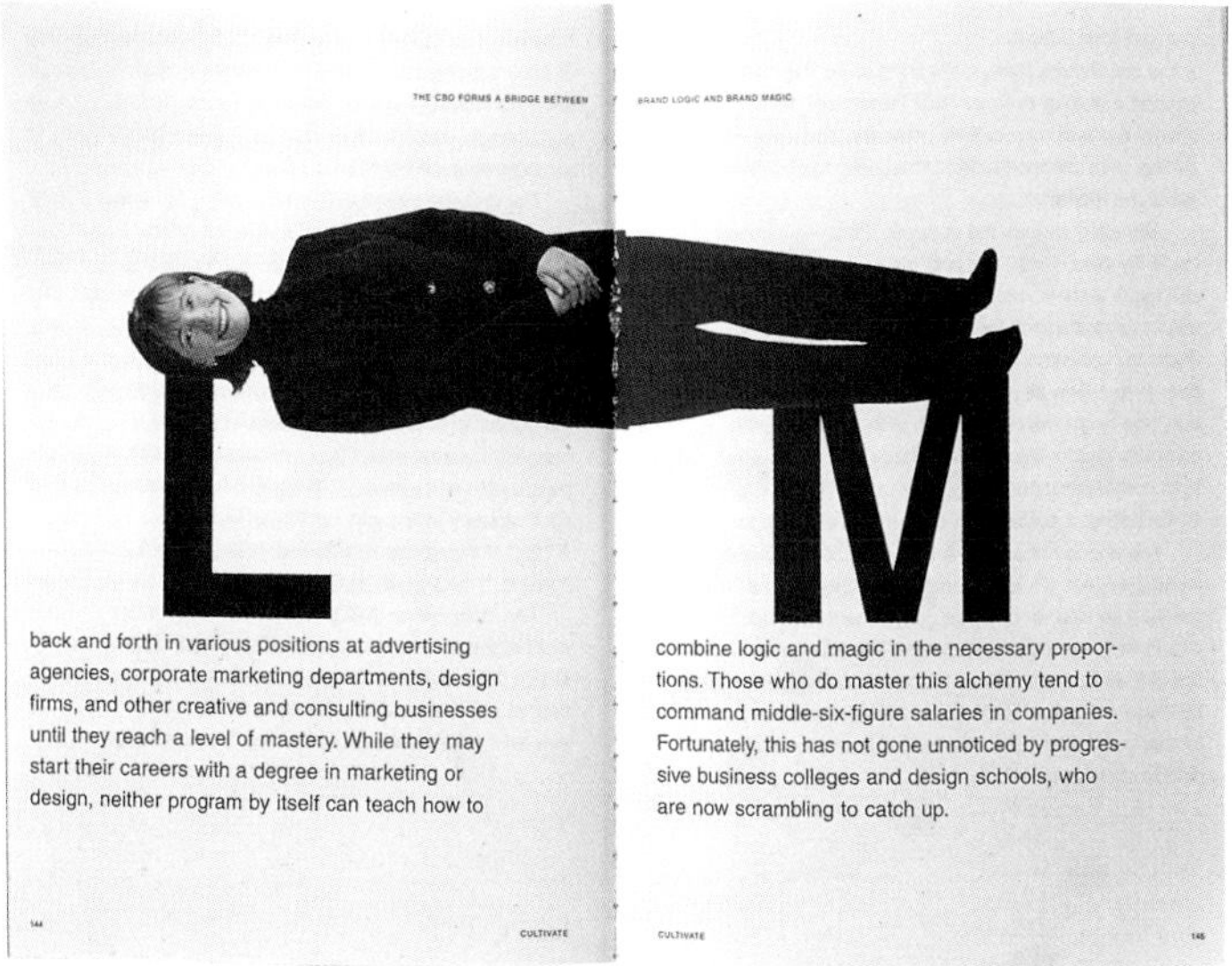

THE CSO FORMS A BRIDGE BETWEEN BRAND LOGIC AND BRAND MAGIC.

L M

back and forth in various positions at advertising agencies, corporate marketing departments, design firms, and other creative and consulting businesses until they reach a level of mastery. While they may start their careers with a degree in marketing or design, neither program by itself can teach how to combine logic and magic in the necessary proportions. Those who do master this alchemy tend to command middle-six-figure salaries in companies. Fortunately, this has not gone unnoticed by progressive business colleges and design schools, who are now scrambling to catch up.

144 CULTIVATE CULTIVATE 145

Ceci n'est pas une brand.
(THIS IS NOT A BRAND.)

ブランド・コーチング

Neutron LLC @ San Francisco

ニュートロンLLC

「ワインバーのブランディングを考えてみよう。持ち時間は三十分」。課題が出るや否や、受講生たちは一斉にディスカッションを始めた。メンバーは、GAP、Yahoo! などグローバル企業のマーケティング担当者、そしてランドーやペンタグラムといった有名デザイン会社のクリエイティブスタッフもいる。

すべてが同時進行

いったい、どういう取り合わせなのか、一瞬、戸惑ってしまうほど、そうそうたる顔ぶれだ。テーブルごとに五、六人のチームをつくり、コアバリュー、パーソナリティー、ポジショニングなど、一連のブランド要素を規定していく。すんなりまとまったチームもあれば、意見の調整で手間取っているチームもある。だが、そこはさすがに専門家集団。短い時間で、今夜にでも足を運びたくなるようなワインバーのコンセプトが表現される。

これは、AIGA(アメリカ・グラフィック・デザイン協会)と、AMA(アメリカ・マーケティング・アソシエーション)が共催する、「ブランドギャップ・ワークショップ」の一コマだ。講師を務めるのが、ニュートロンLLC代表、マーティー・ニューマイヤー。テキストにはワークショップと同名のニューマイヤーの著書が使われる。ブランドギャップとは、企業がかくありたいと思い描くブランド像と、実際の顧客体験とのギャップのこと。その溝を埋めるにはどうするか、というのがこのワークショップの目的である。

ニューマイヤーによれば答えは明快で、コラボレーションがその鍵を握っているという。

「ブランドは、戦略も、マーケティングも、デザイナーも顔を突き合わせ、一気呵成につくるものです」と、ニューマイヤー。まず、戦略を練り、次にデザイン会社にバトンタッチするという従来の垂直分業法では、実施プランに不整合性が生じる。戦略担当はどうしてもデザインに興味が薄いし、デザイナーはどういう経緯でブランド戦略が練り上げられたかわからない。

そこで、かかわりのあるすべての専門家が集まり、その場で意見を調整しながらすべてを同時進行で決めていく。すると、お互いが触発され、アイデアがどんどん突き抜けていき、それがギャップを埋めることにつながる。冒頭のシーンは、そのトレーニングだったのだ。

ブランド構築における
3つのモデル（『ブランドギャップ』より）

THE ONE-STOP SHOP

従来型の広告代理店に一括して任せるやり方。これだと企業担当者は手間が省けて良いが、クリエイティブは代理店の持ち駒ばかり。

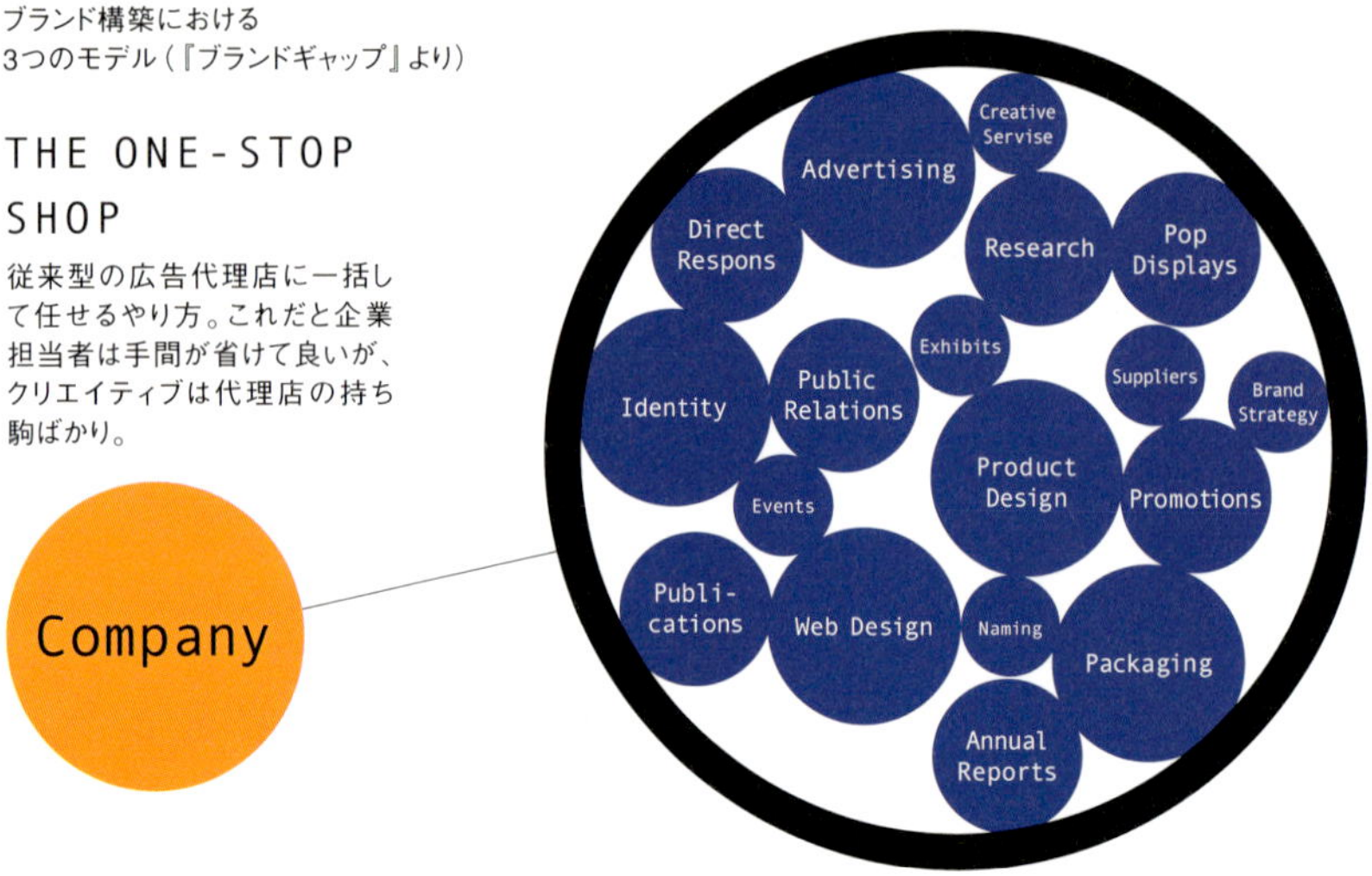

THE BRAND AGENCY

ブランディング専門の代理店に任せるやり方で、やはり1番目と同じくワンストップ・ショップの発想である。この場合、最良のクリエイティブパワーを組み合わせることができるが、実際、誰がデザインしているのか企業担当者は知らない

Neutron LLC @ San Francisco

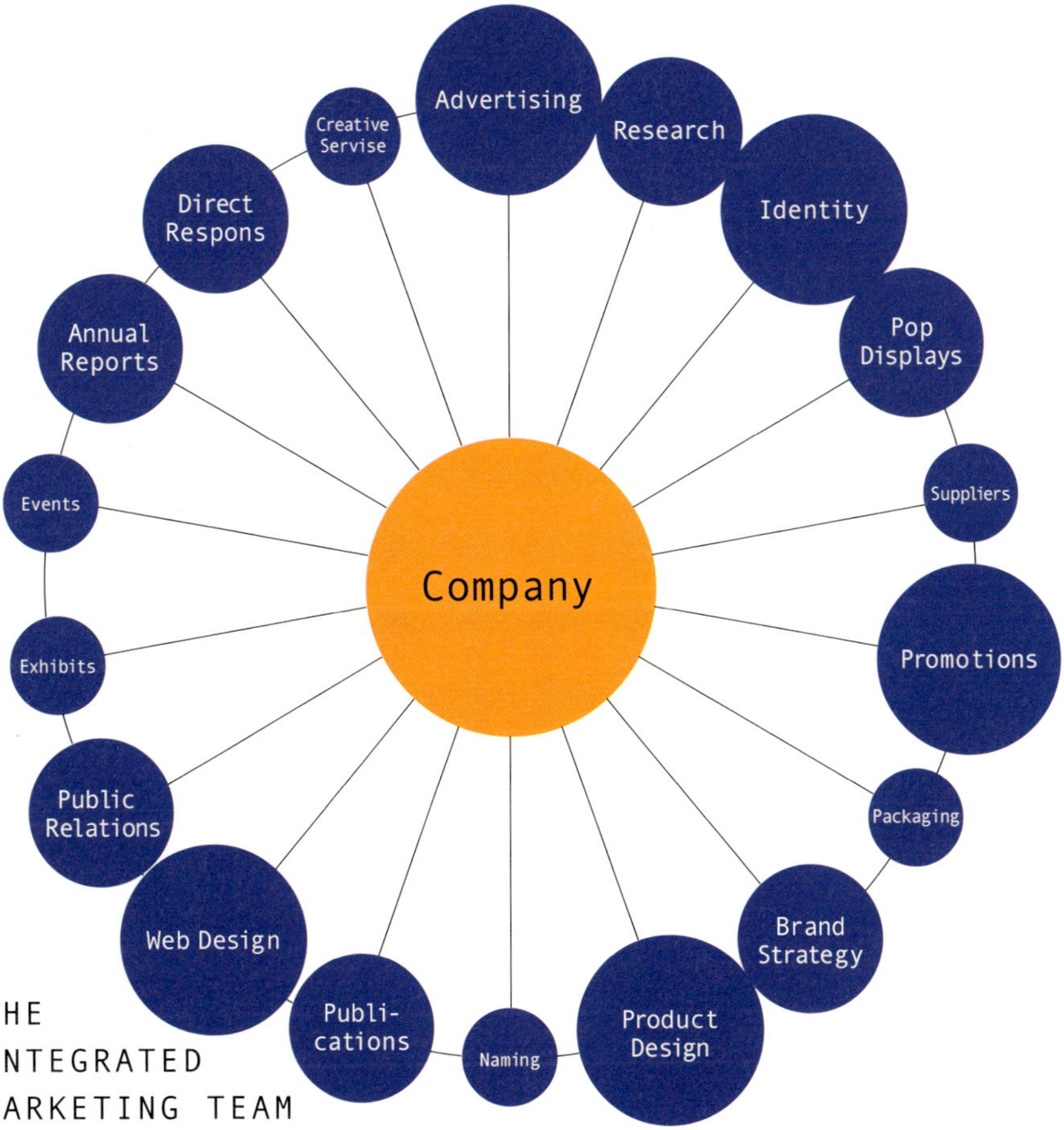

THE INTEGRATED MARKETING TEAM

企業を中心にクリエイティブパワーが結集し、お互いにコラボレーションしている。もはや代理店は消滅し、企業自身が当事者となってブランドを構築するという新しいモデルだ。担当者は大変になるが、ノウハウが企業に蓄積されるメリットがある。また、企業とクリエイティブとが直接結ばれ、ブランドギャップが解消しやすいニューマイヤー自身、この、コラボレーションのすごさを実体験している。一九九六年、ネットスケープ社が世界の注目を集めた時のことだ。新ブランド立ち上げまでに残された日数は六週間。そこで、ソフトウエア開発担当、マーケティングチーム、広告担当、とにかくすべての部門が集まり、合宿体制でブランドづくりに挑んだ。この時、ニューマイヤーは、ブランド・ビルダーの一人として、パッケージデザインと、ブランドアイコンの制作を担当した。あの年、ネットスケープ社が鮮烈なデビューを飾ることができたのは、プロが一堂に会し、連携を取りながらすさまじい勢いで走り抜けたからだと言える。

ハリウッドがベンチマーク

また、コラボレーションがなされず、せっかくのデザインが市場で機能しなかった経験もある。一九九〇年代後半、まだカーリー・フィオリーナをCEOに迎える以前のHP（ヒューレット・パッカード）で、ニューマイヤーは同社製プリンターのパッケージをデザインした。当時、ランドーがCI開発を手がけていたのだが、協業体制には至っていなかった。その結果、パッケージ自体の評価は非常に良好だったものの、CIとの「ちぐはぐ感」が生じてしまった。そのうえ当時のHPは確たるブランド戦略がなく、パッケージを青にしたり、白にしたりと、迷走しっぱなし。デザインもそれに翻弄され、ひとつの強いイメージを築くには至らなかった。

「ブランド構築は上質なジャズ演奏のようなもの」と、彼は言う。異能同士が触発することによって斬新なアイデアが飛び出し、かつ、一体感が醸成される。

ところで、このブランド・コーチングのアイデアは、意外なところにあった。それは映画の都ハリウッドだ。一九三〇年代までは、ハリウッドの映画産業は「フォード式」と呼ばれ、大手配給会社お抱えの制作スタッフが分業制のもとで、たこ焼き機式にエンターテインメントを量産していた。制作費は内容よりも、フィルム一フィートいくらで値付けされていたという。ところが四〇年代から五〇年代にかけてテレビが台頭してくると、客足を奪われていった。そこで映画でしかできない超大作に絞り込んで提供する方向へ大変換。限られた制作費と時間で多様な才能を集めるために、ネットワーク型の映画製作が育っていったのは当然の成り行きだった。十人規模のプロダクションを始め、特殊技能を持つベンチャー、そして俳優を集め、一本の作品を制作するだけの短命なネットワーク企業を構成する。これが、今最も進化したモノづくりのひな型となったと、ニューマイヤーは言う。

九〇年代のシリコンバレーも、このハリウッドスタイルを採り入れ、日系企業の大攻勢をしのいだと言われる。前述のネットスケープ社もそうした仕組みに慣れていたから、ブランディングにおいてもコラボレーションという発想にたどり着けたと言える。

1998年から4年間にわたって発行したデザイン誌『Critique』は、卓越した誌面構成とグラフィックデザインの考え方を掘り下げる記事で定評があった。この雑誌を編集する過程で築いた、多くのデザインオフィスとのネットワークが今のビジネスの基盤となっている

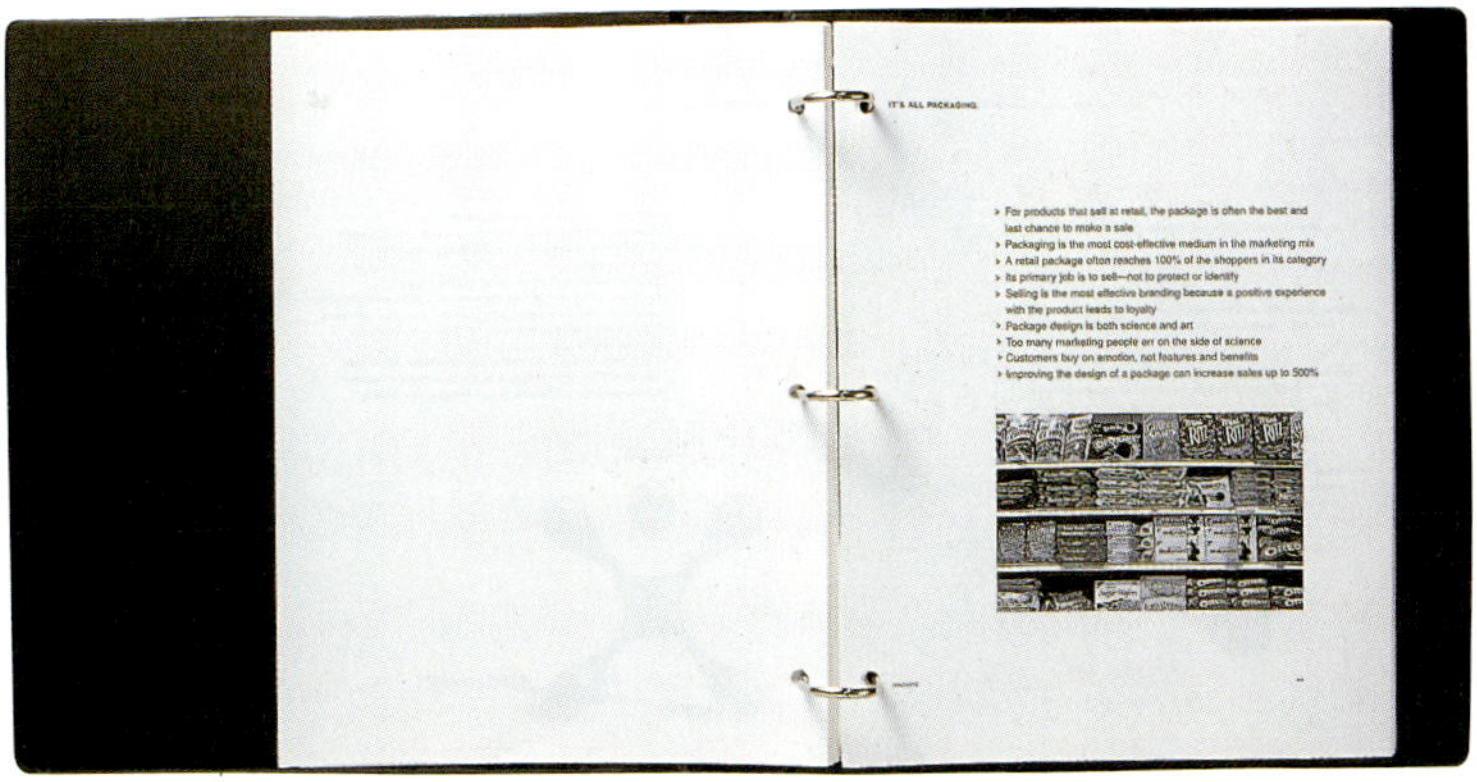

ニューマイヤーのワークショップで使用されるプリント。P194-195の書籍をもとにテキストとして再編集したもの

サンフランシスコ市の再開発地区にあるニュートロンのオフィス。デザイナーたちは、定評のあったパッケージもエディトリアルも含め、デザインは一切やらず、ワークショップとブランド・コーチングのための資料づくりに専念している

Chapter 13

ニュートロンLLC　マーティー・ニューマイヤー（写真）を中心とする、ブランド・コーチング集団。シリコンバレーのパロアルトでの、クラリス社やネットスケープ社などのソフトウエアのパッケージデザインを経て、2002年、サンフランシスコでブランディング支援業務に特化するニュートロンLLCを立ち上げた。現在、AIGAとAMAの協力のもとブランドワークショップを全米各都市で開催。ハリウッド型のコラボレーションを提唱している。

デザインをやめた理由

コラボレーションを本気で進めていくと、ビジネスの発注形態も変わってくる。これまで代理店にお任せだったブランドづくりの体制から、企業を中心としたネットワーク型にシフトしていく（一九八～一九九頁）。当然、企業には高度なノウハウの蓄積が不可欠で、今後、ニューマイヤーの会社はその指南役、つまり、ブランド・コーチングに徹していく考えだ。

「コーチの役割は、最適なクリエイティブを企業のために見つけてくることです。公正を期するために、実制作は一切やめました」と言う。ニュートロンとは中性子のこと、つまり中立を意味する。

今、ワークショップの予約は一年先まで埋まっている。サンフランシスコはもちろん、シカゴ、ロサンゼルスなど、アメリカを代表する企業やデザイン会社のクリエイティブスタッフが彼の門をたたく。近年のマッキンゼーリポートによると、次世代はあらゆる産業でネットワーク型が主流になるという。デザインの世界においても、すでにその動きが現実のものとなっていることを、ニューマイヤーの取り組みは示している。

デザイン
オフィス
データ

Appendix

Design Office Data

@

本書で紹介したデザインオフィスの連絡先（2005年3月1日現在）

Pentagram Design Inc.

387 Tehama Street, San Francisco, CA 94103
Tel: +1-415-896-0499 Fax: +1-415-896-0555
http://pentagram.com

Mauk Design

39 Stillman Street, San Francisco, CA 94107
Tel: +1-415-243-9277 Fax: +1-415-243-9278
http://www.maukdesign.com

Sapient San Francisco

1601 Cloverfield Blvd. Suite 600 South Santa Monica, CA 90404
Tel: +1-310-264-6900 Fax: +1-310-264-6901
http://sapient.com

Cronan Group

3090 Buena Vista Way Berkeley CA 94708 2020
Tel: +1-415-720-3264
http://www.cronan.com

Michael Mabry Design

1500 Park Avenue Suite 112 Emeryville CA 94608
Tel: +1-510-985-0750 Fax: +1-510-985-0753
http://www.michaelmabry.com

Cymbic, Inc. （プロファイル・デザインより社名変更）

587 Heather Way San Rafael, CA 94903
Tel: +1-415-472-4500 Fax: +1-415-479-7156
http://www.cymbic.com

MetaDesign North America

350 Pacific Avenue, Ste 300, San Francisco, CA 94111
Tel: +1-415-627-0790 Fax: +1-415-627-0795
http://www.metadesign.com

VSA & Partners, Inc.

1347 South State Street, Chicago, IL 60605
Tel: +1-312-895-5090 Fax: +1-312-895-5720
http://www.vsapartners.com

Lippincott Mercer

499 Park Avenue New York, NY 10022
Tel: +1-212-521-0000 Fax: +1-212-754-2591
http://www.lippincottmercer.com

Cahan & Associates

171 Second Street, Fifth Floor San Francisco, CA 94105
Tel: +1-415-621-0915 Fax: +1-415-621-7642
http://www.cahanassociates.com

Sagmeister Inc.

222 West 14th Street, Suite15A New York, NY 10011
Tel: +1 -212-647-1789 Fax: +1-212-647-1788
http://www.sagmeister.com

SamataMason

101 South First Street, West Dundee, IL 60118
Tel: +1-847-428-8600 Fax: +1-847-428-6564
www.samatamason.com

Stone Yamashita Partners

355 Bryant Street, No 408, San Francisco, CA 94107
Tel: +1-415-536-6600 Fax: +1-415-536-6601
http://www.stoneyamashita.com

Designframe

116 East 16 Street New York, NY 10003
Tel: +1-212-979-0300 Fax: +1-212-979-0322
http://www.designframe.com

Duffy

710 2nd St South, Suite602 Minneapolis, MN 55401
Tel: +1-612-548-2333 Fax: +1-612-548-2334
http://www.duffy.com

frog design

1327 Chesapeake Terrace Sunnyvale, CA 94089 USA
Tel: +1-408-734-5800 Fax: +1-408-734-5801
http://www.frogdesign.com

Doyle Partners

1123 Broadway, New York, NY 10010
Tel: +1-212-463-8787 Fax: +1-212-633-2916
http://www.doylepartners.com

Werner Design Werks Inc.

411 First Avenue North, Room 206 Minneapolis, MN 55401
Tel: +1-612-338-2550 Fax: +1-612-338-2598
http://www.wdw.com

Adams Morioka, Inc.

8484 Wilshire Boulevard, Suite 600 Beverly Hills, CA 90211
Tel: +1-323-966-5990 Fax: +1-323-966-5994
http://www.adamsmorioka.com

Neutron LLC

444 De Haro Street, Suite 212 San Francisco, CA 94107
Tel: +1-415-626-9700
http://www.neutronllc.com

*本書は『デザインの現場』2000年10月号「サンフランシスコのデザイン事情」、2003年2月号「米国コンサルティング・デザインの現場から」、2003年4月号～2005年4月号連載「Design Office Report from USA」をもとに、加筆や訂正など再編集を行い単行本化しました。

American Top Designers

アメリカ・
トップデザインオフィスによる
デザイン戦略の手法

ブランド・デザイン

発行日
2005年4月1日

著者
道添進

発行人
大下健太郎

編集
美術出版社 書籍編集課+
『デザインの現場』編集部

アートディレクション+デザイン
鈴木恵美

撮影
橋本哲治(P008-028)+
YDNY Productions
(P030-116事務所内写真)

印刷+製本
凸版印刷株式会社

発行
株式会社美術出版社
郵便番号101-8417
東京都千代田区神田神保町2-38
稲岡九段ビル8階
電話　03-3234-2151(営業)
　　　03-3234-2173(編集)
FAX　03-3234-9451(営業)
http://www.bijutsu.co.jp/bss/
振替　00150-9-166700
ISBN4-568-50274-8 C0070

Printed in Japan